La guerre secrète des espions

Jacques Follorou

La guerre secrète des espions

PLON
www.plon.fr

92, avenue de France
75013 Paris
Tél. : 01 44 16 09 00
Fax : 01 44 16 09 01
www.plon.fr
www.lisez.com
Dépôt légal : août 2020
ISBN : 978-2-259-28417-2
Mise en pages : Graphic Hainaut

À Françoise

Prologue

Les espions ne sont pas morts. Il est communément admis aujourd'hui que cette figure mythique du soldat de l'ombre aurait sombré dans les oubliettes de l'histoire. La chute du mur de Berlin, en 1989, aurait sonné son déclin avec la fin de la guerre froide issue du second conflit mondial. La flamme de l'agent secret, entretenue par les États comme par la littérature ou le cinéma, se serait peu à peu affaiblie dans un monde où le dialogue multilatéral aurait supplanté les rapports de force entre deux blocs. L'espion, devenu inutile, aurait disparu alors qu'émergeait une nouvelle organisation des affaires du monde où la mondialisation et les intérêts croisés entre pays auraient contraint les ennemis d'hier à dialoguer autrement.

Cette figure de l'espion, incarnation tout au long du XXe siècle du monde du renseignement, aurait, enfin, été submergée par une autre révolution, celle de l'Internet et du Big Data, qui a changé le visage de nos sociétés modernes. Finie, la pêche au harpon des services secrets dans les eaux troubles et dangereuses de l'ennemi comme sur les terres de leurs propres alliés. Cette recherche ciblée sur des documents, des sources ou, mieux, de possibles agents doubles a laissé la place à la pêche au chalut de haute mer, une collecte massive de données de communications mondiales transitant, en grande partie, par les câbles de fibre optique posés au fond des océans. À l'heure de nos vies numérisées, la machine aurait remplacé l'esprit humain en matière d'espionnage, reléguant au rang d'antiquités des caricatures à la James Bond ou des personnages plus subtils décrits par John le Carré ou Graham Green.

En réalité, les espions à l'ancienne sont toujours là. Ils résistent même bien à la marche de l'histoire comme au progrès fulgurant de la technologie. C'est la principale leçon de ce recueil réunissant une vingtaine d'enquêtes d'espionnage parues dans le journal *Le Monde* entre 2013 et 2020. Révélant, notamment, l'activisme des agents des services secrets militaires russes (GRU) en Europe, contre des cibles économiques, politiques et même d'anciens membres passés à l'Ouest, ainsi que l'existence d'une base arrière en Haute-Savoie, elles rappellent que cet espionnage humain a de beaux restes.

Les espions russes ont de multiples visages. Membres de commandos de tueurs ou de cyberespions sillonnant la planète, agents sous couverture, à l'abri d'une fonction fictive, diplomate, humanitaire, homme d'affaires ou même journaliste, chef de poste déclaré dans un pays étranger ou clandestin, ils apparaissent tout au long de ces enquêtes, à Genève, à Londres, au consulat russe de Strasbourg ou celui de Marseille. Relais logistiques, têtes de pont pour infiltrer des institutions internationales, ils espionnent autant qu'ils tentent de recruter des sources, quand ils ne tuent pas.

Les Russes sont loin d'être les seuls à se livrer à ce type d'activité. Le Mossad, les services secrets israéliens, affectionne ainsi particulièrement Paris pour y mener ses opérations clandestines. L'un des récits relate comment fut dirigée, depuis une chambre d'hôtel dans le 13ᵉ arrondissement de la Ville lumière, une opération complexe d'assassinat à Dubaï d'un cadre du Hamas palestinien. Une autre affaire, conduite elle aussi à Paris et à Reims, toujours sous la houlette du Mossad, en collaboration avec les services secrets intérieurs français, contre un personnage clé du programme chimique syrien, montre à quel point l'espionnage humain demeure essentiel à l'acquisition d'informations sensibles.

La planète est ainsi constellée de nids d'espions où se croisent et s'affrontent les services secrets du monde entier. Djibouti est un territoire méconnu de cette guerre de l'ombre, le seul pays au monde où les États-Unis et la Chine disposent de soldats sur un même territoire. Dubaï et les Émirats arabes unis tentent, en vain, de préserver leur sol du passage d'agents secrets étrangers. Mais les enjeux industriels et financiers qui s'y jouent, ainsi que le voisinage iranien, rendent cette région trop stratégique pour que ce souhait soit respecté. Bangkok est également un carrefour où les espions anglo-saxons ou chinois se meuvent librement avec une attention particulière portée sur les réseaux terroristes. L'Europe n'est pas épargnée par les allées et venues des espions étrangers. Bruxelles, siège de l'OTAN et de l'Union européenne, capitale d'un pays à l'État faible, est une aubaine pour les services chinois, russes ou américains. Même les commandos de tueurs des services turcs s'y cachent pour traquer les opposants kurdes.

Le renseignement humain repose en premier lieu sur la manipulation des sources. Les écrivains britanniques, souvent eux-mêmes anciens membres des services secrets de Sa Majesté, tels John le Carré ou Graham Green déjà cités, ont beaucoup décrit cette nécessaire maîtrise de la psychologie pour être un bon espion. « Le facteur humain », cher à ces deux auteurs, rend secondaire le recours aux moyens techniques. L'opération de retournement par le Mossad d'un responsable du programme chimique du régime syrien de Bachar el-Assad est un exemple parfait des ressources infinies de l'art de la manipulation.

Traiter une source consiste encore à trouver une faille servant de levier pour contraindre ou convaincre la personne ciblée de trahir son pays ou son entreprise. L'acronyme « MICE » est toujours en vigueur au sein des services secrets anglo-saxons pour illustrer la nature de ces « faiblesses » : M pour *money* ; I pour *ideology*, C pour *compromission* et E pour *ego*. Une typologie évidemment restrictive, tant la nature humaine s'y connaît en turpitudes.

Le renseignement humain a encore ses défenseurs. Le général Philippe Rondot, *alias* « Max », un maître espion français mort fin 2017 à l'âge de 81 ans dans la Nièvre, s'est même exprimé publiquement. Le destin de cet officier parachutiste, arabophone, expert en diplomatie secrète, s'inscrit dans la lignée d'illustres espions britanniques marqués par le monde arabo-musulman. Comme le Britannique Kim Philby – mais sans le goût de la trahison de ce dernier –, il a marché sur les pas de son père, lui-même ex-officier de renseignement, en poste à Beyrouth au Liban dans les années 1920.

En janvier 2016, Philippe Rondot s'inquiétait dans la revue *Après-demain* « de la primauté du renseignement technique sur le renseignement humain ». Selon lui, les révolutions arabes, l'extension du djihadisme, les attentats en France « ont fait apparaître des failles dans l'anticipation de situations belligènes et la prévention du terrorisme ». Un retard qu'il juge dû au fait que le renseignement humain est désormais souvent considéré avec mépris, car il joue sur des motivations peu nobles qui exploitent les failles ou faiblesses humaines.

La recherche humaine, disait-il, se caractérise par un accès ciblé : « Plutôt que de rechercher le nombre et constituer des réseaux, comme ce fut le cas pour la Résistance, on privilégiera l'installation d'agents occasionnels en fonction d'objectifs conjoncturels.» Le renseignement humain «reste une entreprise délicate dont il ne faut pas sous-estimer la nécessité». Il fournit même, d'après le général Rondot toujours, des informations d'une qualité souvent supérieure et devrait conserver «une place équilibrée à côté du renseignement technique».

Certes, le renseignement technique, à l'instar de l'utilisation des drones, permet de réduire le risque en vies humaines lors de missions périlleuses. La machine protège également des tentatives d'infiltration par des agents doubles ou des provocateurs se présentant comme des transfuges. De plus, la technique rassure. Elle paraît moins friable et plus fiable que l'humain. Elle fait croire, notamment auprès des décideurs politiques, que la menace peut être anticipée, encadrée, tenue à distance. Enfin, elle laisse penser que l'on peut être offensif sans être vu, sans alerter les personnes, les intérêts ou les pays ciblés.

Mais le renseignement technique coûte aussi beaucoup plus cher que l'humain. La technique évolue sans cesse et impose de lourds investissements. Lorsqu'elle lance, à partir de 2008, son programme d'interception de données à grande échelle et la construction de sa plateforme multimodale (PTM), la France sait déjà que la facture sera salée, plusieurs milliards d'euros en dix ans. La puissance des ordinateurs double tous les ans. En outre, il faut en permanence adapter les moyens techniques pour collecter des données, les stocker et les traiter. De plus, le renseignement technique porte en lui une fausse promesse : celle du risque zéro, notamment face à la menace terroriste.

Le Big Data n'est pas un outil proactif. Il est utile après que l'événement s'est produit. Les données et les informations collectées ne manquent pas, elles sont innombrables. La difficulté est de savoir laquelle est la bonne. Cet écueil a été flagrant lors des attentats du 11 septembre 2001, aux États-Unis. Le renseignement américain disposait des éléments pour les prévenir, mais il n'a pas su les interpréter. L'analyse n'a pas fonctionné, mais des moyens techniques, tels que des algorithmes, auraient-ils permis pour autant de comprendre et d'empêcher le drame ? L'humain demeure central.

Début octobre 2019, tentant de rassurer l'opinion quelques jours après l'attaque terroriste de la préfecture de police de Paris, qui a fait quatre morts, le ministre de l'Intérieur français, Christophe Castaner, répète à l'envi aux médias que « cinquante-neuf attentats ont été déjoués sur le territoire français depuis six ans ». Ce qu'il ne dit pas, c'est que, sur ces cinquante-neuf attentats, cinquante-huit ont été évités grâce à du renseignement humain. La technique est venue soutenir l'enquête, mais c'est l'intervention d'une source humaine qui, chaque fois, a apporté l'élément central et la plus-value permettant d'éviter le pire.

Le rôle essentiel joué par le renseignement humain dans la protection du pays invalide un dogme défendu en Occident depuis des années. La France a, comme d'autres puissances, justifié la construction et le financement massif de puissants outils de surveillance et de collecte de données au nom de la lutte contre le terrorisme. Pour se protéger de ce danger, il fallait avant tout être capable de surveiller le plus grand nombre de données de communications, nationales et internationales.

Cette évolution a eu des conséquences majeures au sein des services de renseignement. Les services techniques, traditionnellement cantonnés à des tâches peu valorisantes, sont devenus des acteurs incontournables de l'espionnage. En France, la Direction générale de la sécurité extérieure (DGSE) concentre l'essentiel des moyens français de surveillance au sein de sa PTM, créée en 2008, donc. Elle a été depuis rebaptisée plateforme « mutualisée », car elle est partagée avec d'autres services, et constitue aujourd'hui, avec la dissuasion nucléaire, le deuxième pilier de la sécurité nationale.

Ce constat fait écho aux dires de l'ancien contractuel de l'Agence nationale de sécurité américaine (NSA), le lanceur d'alerte Edward Snowden. Preuves à l'appui, il a permis de démontrer au monde entier que les vastes systèmes de surveillance bâtis par les principales démocraties occidentales servaient avant tout à l'espionnage économique, politique ou de contre-prolifération. Pourtant, les dispositifs légaux qui encadrent ces outils et leur financement ont été justifiés, face aux opinions et aux élus, par la seule lutte antiterroriste.

La dépendance, voire l'addiction, des politiques au renseignement technique est liée à la sensation rassurante de pouvoir anticiper les événements en surveillant le flot des communications mondiales. Pour cette raison, il fallait, dans cet ouvrage, également traiter du renseignement technique grâce, notamment, aux éléments transmis à l'auteur par Edward Snowden : comment la NSA a créé un programme de surveillance des communications Internet et téléphoniques dans les avions en vol en piratant les systèmes Wi-Fi, comment la NSA a piraté le réseau Internet et les messageries de l'Élysée.

Autant d'affaires par ailleurs commentées par l'un des pères du renseignement technique français, Bernard Barbier, ex-directeur technique de la DGSE. En 2016, *Le Monde* a retranscrit les propos de ce dernier, tenus devant un petit comité, sur l'évolution qui s'était opérée au cœur des services secrets, un mouvement historique. Un rapprochement a finalement eu lieu entre les agents secrets et le renseignement technique. Ces deux formes d'espionnage, aux cultures pourtant si étrangères l'une à l'autre, ont su trouver le moyen d'œuvrer ensemble.

La menace chinoise

Les services secrets sont une clé essentielle à la survie de la Chine communiste, pays autoritaire à parti unique. Il en va du contrôle de sa population, mais aussi de son développement économique et de son influence politique dans le monde. La collecte de renseignements à l'intérieur de ses frontières est une pratique ancienne ; elle s'est étendue à l'étranger dès lors que Pékin a souhaité affirmer sa puissance dans le monde, ce qui ne l'intéressait guère auparavant. C'est aussi un moyen pour les autorités chinoises de connaître les faits gestes des dissidents exilés.

À la différence des services occidentaux, qui s'appuient essentiellement sur des espions professionnels, le renseignement chinois se nourrit largement des informations transmises par ses nationaux. Depuis 2017, une loi fait même obligation aux citoyens chinois, où qu'ils soient dans le monde et quelle que soit leur profession, de transmettre des éléments pouvant servir les intérêts de la Chine. Pour espionner, Pékin peut ainsi compter sur le personnel des ambassades, les représentants de ses entreprises publiques ou privées, les étudiants, les journalistes, les scientifiques, les réseaux culturels, associatifs, ou encore les groupes de réflexion. Quant aux personnes d'origine chinoise vivant à l'étranger, il n'est pas rare que des menaces soient formulées contre leur famille restée au pays si elles refusent de coopérer.

Les services de renseignement chinois les plus connus, le ministère de la Sécurité d'État (MSE) et la Direction du renseignement militaire (MID), ont pour charge de centraliser cette matière tout en ayant, comme leurs homologues étrangers, leurs propres agents sous couverture, des clandestins et des itinérants. Dans son ouvrage *Chinese spies : From Chairman Mao to Xi Jinping*[1], Roger Faligot décrit toute la spécificité des services secrets chinois. Parmi les priorités des espions chinois figurent notamment les institutions européennes et leurs décideurs politiques, à Bruxelles. Ils cherchent des informations sur les décisions, les plans stratégiques et les déclarations politiques ayant des répercussions sur la Chine. Fortes de ces renseignements, les autorités chinoises peuvent tenter de diviser les pays membres de l'Union européenne. La capitale belge héberge également le siège de l'OTAN, un autre adversaire stratégique de la Chine.

Si les États-Unis ne cessent de dénoncer les ingérences chinoises, les petits pays ne disposent que d'une marge de manœuvre réduite pour protester et lutter contre l'espionnage chinois, car, face à une puissance économique comme la Chine, le prix à payer peut être élevé. La Belgique s'est néanmoins rebiffée, en 2019, en multipliant les mesures contre les activités jugées hostiles de la Chine sur son territoire.

1. CC. Hurst & Co, 2019. Il s'agit de la version anglaise de l'édition française intitulée *Les Services secrets chinois* (Nouveau Monde, 2008, réédition 2015).

16 mai 2020

Les ombres chinoises de l'ambassade de Malte à Bruxelles

Les services secrets belges s'inquiètent depuis longtemps de la situation de la délégation maltaise, dont la rénovation a été payée par la Chine, en face du siège de la Commission européenne.

C'est un poste d'observation rêvé sur le cœur du pouvoir européen, à Bruxelles. Au 25, rue Archimède, l'ambassade de Malte, appelée «Dar Malta», donne sur le bunker à quatre branches qui abrite le siège de la Commission européenne. Juste derrière trône le quartier général du Conseil de l'Union européenne (UE). Depuis 2007, installée dans un immeuble ultramoderne de neuf étages, rénové par la Chine, la délégation maltaise héberge également la représentation du pays auprès de l'UE et un consulat. L'emplacement est unique et de prestige. Mais cette localisation idéale aurait aussi, selon les services secrets belges, une autre explication.

Depuis le début des années 2010, la sûreté de l'État belge accuse cette ambassade d'abriter des moyens techniques installés par les services secrets chinois pour espionner les institutions européennes. Une activité qui pourrait, selon le renseignement belge, encore durer aujourd'hui.

L'information a été transmise au ministère des Affaires étrangères belge par Alain Winants, patron des services secrets du royaume jusqu'en 2014. Interrogé par *Le Monde*, le porte-parole de ce ministère s'est limité à déclarer qu'il était «tenu à la plus stricte confidentialité sur le contenu de ces notes et les actions qui en découlent», sans démentir l'information. Sollicité, M. Winants, à présent avocat général près la Cour de cassation, a refusé de s'exprimer, de même que son successeur à la sûreté de l'État, Jaak Raes, actuel administrateur général.

Pour sa part, le porte-parole du ministère des Affaires étrangères et de l'Égalité maltais, Daniel Attard, a indiqué au *Monde* que «Malte entretient une relation forte avec la Chine, comme avec d'autres pays, notamment en termes de coopération». C'est dans ce cadre, a-t-il expliqué, «qu'en 2006-2007, un accord signé entre le ministre des Finances maltais et le gouvernement chinois a permis de rénover entièrement l'ambassade Dar Malta, à Bruxelles». Il s'est, en revanche, abstenu de commenter les accusations du renseignement belge et l'utilisation du bâtiment, y compris à l'insu de Malte, par les Chinois pour espionner les institutions européennes.

Vitres pare-balles

Fortes des éléments transmis par leurs services, les autorités belges n'ont pas opté pour une réponse publique ou fait intervenir des forces de police au sein de l'ambassade qui jouit, comme toute représentation diplomatique, du principe d'inviolabilité. Selon nos informations, des contacts informels auraient, néanmoins, existé entre les différentes chancelleries.

Questionné, le ministère des Affaires étrangères belge a précisé que «les rapports transmis par la sûreté de l'État font systématiquement l'objet d'un suivi par les services compétents ; des canaux appropriés existent pour transmettre, ensuite, toute information utile à d'autres parties prenantes concernées par ces rapports – y compris des pays alliés ou des institutions internationales ».

Une source au sein du département d'État américain a confirmé au *Monde* que l'ambassade des États-Unis à Bruxelles a été informée des accusations portées par la sûreté de l'État dans cette affaire. Dans l'entourage de John Demers, ministre adjoint de la Justice américain, chargé des questions de sécurité nationale, venu en novembre 2019 à Bruxelles dénoncer les ingérences chinoises, on regrette le peu d'écho donné par les Européens à ce type « d'agression ». Les autorités françaises et la Commission assurent, en privé, n'avoir aucun souvenir de griefs formulés par les services secrets belges contre l'ambassade de Malte à Bruxelles.

En 2007, Malte a rejoint l'Union européenne depuis trois ans lorsque la Chine accepte de payer les travaux de la nouvelle ambassade maltaise, soit la rénovation entière et l'achat du bâtiment, pour un total de 21 millions d'euros. « On est repartis du squelette en béton du bâtiment et on a tout refait, sols, plafonds, cloisons, etc., détaille le porte-parole de l'entreprise CIT Blaton, chargée du gros œuvre. Au final, l'ensemble était assez novateur, en matière d'isolation et de sécurité, sur ce dernier point, on était alignés sur ce que nous avions déjà fait pour l'OTAN. »

Le chantier est effectivement haut de gamme. Associé au cabinet d'architecte Dethier, CIT Blaton supervise l'installation de châssis en aluminium à coupure thermique, de double vitrage et de pare-soleil pour éviter les surchauffes sur les façades exposées. L'ensemble de l'ambassade est protégé par des caméras de surveillance et des lecteurs de badges à puce électronique. Des détecteurs de présence humaine sont installés partout, y compris dans les ascenseurs et les parkings. Chaque zone a un degré spécifique de sécurité, et le poste central est équipé de vitres pare-balles. Enfin, un épais blindage a été soudé au mur mitoyen avec l'immeuble voisin.

Le milieu diplomatique à Bruxelles s'est étonné que ce petit pays préfère acheter un immeuble plutôt que de le louer, et surtout qu'il considère si vital de s'installer sous les fenêtres des institutions européennes. Les bâtiments des autres États membres et des grandes puissances du monde sont situés à quelque distance de là, sans que cela nuise à leur travail et pour un coût moindre. D'ailleurs, Malte cherchera à mettre en location des étages restés libres, espérant rentabiliser cet achat.

Liens étroits

Les relations nouées entre CIT Blaton et les Chinois ne s'arrêteront pas là. En 2019, l'entreprise, avec deux autres partenaires, a terminé la construction, à Louvain-la-Neuve, du China-Belgium Technology Center, un vaste complexe comprenant des bureaux, un hôtel, un centre de conférences et des parkings pour plus de 100 millions d'euros. Interrogée sur l'installation de matériel suspect lors des travaux de l'ambassade de Malte, la direction de CIT Blaton a rappelé qu'elle ne s'occupait que du gros œuvre. Dethier Architecture n'a pas souhaité répondre aux questions du *Monde*.

La sûreté de l'État belge n'a pas déterré seule cette affaire. Selon nos informations, elle a été alertée, en premier, par le renseignement britannique sur la présence des services secrets chinois derrière les travaux de l'ambassade. Durant son enquête, avant de transmettre ses conclusions aux autorités, la sûreté a d'ailleurs continué de s'appuyer sur l'expertise et les moyens des services secrets du Royaume-Uni.

Les services secrets militaires belges et le service général du renseignement et de la sécurité ont également prêté main-forte pour étayer les accusations d'espionnage.

L'espionnage chinois en Belgique est devenu si prégnant que la sûreté de l'État est finalement sortie de son silence en 2019 : « Les institutions européennes sont parmi les priorités des services de renseignement chinois [...] ; ils veulent des informations sur les décisions, les plans stratégiques et les déclarations politiques susceptibles d'avoir des répercussions sur la Chine. » Selon la sûreté, les services de renseignement chinois – ministère de la Sécurité d'État et Military Intelligence Directorate – cherchent notamment à profiter des divisions entre les pays de l'Union et à s'informer sur les projets de l'UE. Ils veulent connaître les décisions commerciales pouvant mettre en danger leurs investissements.

Enfin, ajoute-t-on à la sûreté, « les services de renseignement chinois mettent tout en œuvre pour influer sur les décideurs politiques européens, dans l'espoir de favoriser les intérêts de la Chine ». Ce travail d'influence passe entre autres par des liens tissés avec certains États membres. Ce que confirme un haut responsable européen, soucieux de conserver l'anonymat : « Au sein de l'Union, la faiblesse de certains États est un danger pour tous, leur grande porosité aux ingérences extérieures est un problème majeur. La Chine est très offensive envers des États modestes comme Malte, c'est sûr, mais on constate aussi cette stratégie en Europe centrale sous couvert de coopération économique et commerciale. »

Joint par *Le Monde* à La Valette, la capitale maltaise, Reno Calleja, président de l'Association amicale sino-maltaise, voit cette relation autrement. « Malte a su, comme aucun autre pays, lier son destin à celui de la Chine qui, en général, se garde bien d'être tributaire de qui que ce soit. Nous sommes une exception.» Après l'arrivée au pouvoir des travaillistes en 2013, le gouvernement maltais a encore resserré ces liens dans les secteurs de l'énergie, des télécommunications, des transports, du tourisme et même du sport. Malte a été le premier pays où la Chine a importé sa technologie 5G. Un accord-cadre, signé en 2015, a permis au groupe chinois Huawei de tester ce réseau et d'installer la fibre sur l'ensemble du territoire.

L'évocation des accusations de la sûreté de l'État belge a laissé de marbre l'ambassade de Chine à Bruxelles. «Nous ne savons rien de cette affaire de rénovation de l'ambassade de Malte, a-t-on assuré au *Monde*. Parler d'espionnage chinois en Belgique relève de la pure affabulation. Malgré les réalités nationales et les différents systèmes politiques, la Chine et l'Europe ont des relations bilatérales basées sur le respect, l'égalité et les avantages mutuels. Porter atteinte à cette coopération va à l'encontre de l'évolution même du monde actuel. L'Europe est une force importante sur la scène internationale. La Chine l'a toujours considérée comme son principal partenaire et l'une de ses priorités en matière de politique étrangère.»

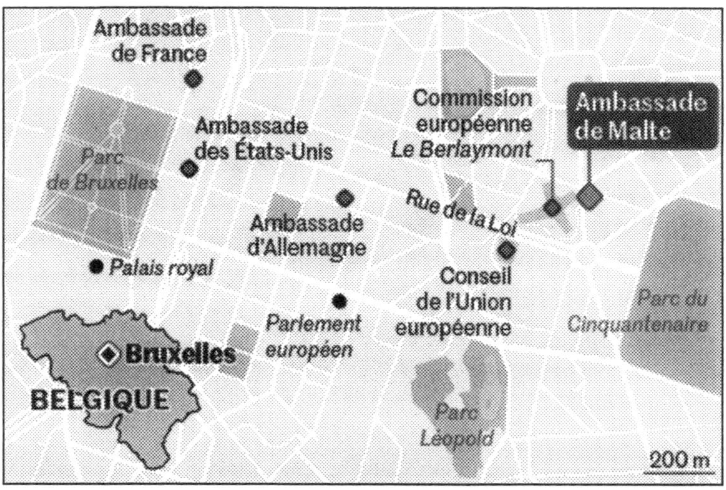

La saga russe

Démonstration de puissance ou signe de faiblesse ? C'est la question qui a occupé les esprits après la tentative d'assassinat de Sergueï Skripal par deux officiers du GRU, le 4 mars 2018, dans le sud de l'Angleterre. Les agents du GRU ont tenté d'empoisonner au Novitchok, un agent neurotoxique de l'ère soviétique, leur ex-collègue passé à l'Ouest, qui en a réchappé de justesse. La Grande-Bretagne, souvent qualifiée de « meilleure ennemie » de la Russie en matière de renseignement, n'avait pas connu pareille attaque depuis 2006, lorsqu'un ancien agent du KGB (devenu FSB pour les affaires intérieures et SVR pour les affaires extérieures), Alexandre Litvinenko, avait été empoisonné à Londres au moyen d'une substance radioactive.

La fin du communisme et de la guerre froide n'a pas modifié fondamentalement les rapports de force entre services de renseignement des grandes puissances. Depuis 2016, la Russie est redevenue un sujet brûlant pour la communauté internationale, à mesure que sa politique étrangère s'est durcie. Dans le même temps, les Européens et les Américains ont commencé à faire les frais de campagnes de désinformation et d'attaques cyber. Affaiblie économiquement, la

Russie de Vladimir Poutine, lancée dans cette guerre dite « hybride », dont l'arsenal comprend aussi l'élimination physique sur des sols étrangers, manifestait à coup sûr sa volonté de conserver son rang sur la scène internationale.

Fer de lance de cette politique de déstabilisation, le GRU a envoyé ses commandos de tueurs et de hackers dans le monde entier. Si l'épisode Skripal a donné lieu à une vive réaction des services secrets britanniques, américains, français et suisses, le renseignement russe ne semble pas pour autant avoir tempéré ses ardeurs. Il s'est contenté de modifier ses méthodes, tout en restant fidèle à ses traditions, notamment celle de réserver le meilleur traitement à ses espions les plus secrets, les « illégaux », une élite formée à se fondre dans des sociétés étrangères.

24 juillet 2018

Londres, terrain de jeu favori du Kremlin

Pour Sergueï Skripal, ancien agent double des services secrets russes, la vie à Salisbury promettait d'être paisible. Après des années passées dans la crainte d'être découvert par ses collègues de Moscou, cet ex-colonel du GRU, les services secrets de l'armée de son pays, allait enfin connaître la tranquillité. Le décor s'y prêtait : une bourgade du sud verdoyant de l'Angleterre, à deux heures de Londres, des maisons à colombages autour de la cathédrale gothique… La violence du monde semble avoir été bannie de cette cité où les touristes eux-mêmes ralentissent le pas et s'accordent à la bienveillance locale.

Après son arrivée en Grande-Bretagne, en juillet 2010, dans le cadre d'un échange officiel d'espions négocié au plus haut niveau entre Washington et Moscou, Sergueï Skripal y avait trouvé une maison, rue Christie Miller, au sein d'un îlot d'habitations en briques rouges. Selon le voisinage, cet homme de 67 ans, au visage patelin, ne fuyait pas les contacts malgré son air parfois taciturne, surtout depuis la mort de son épouse, en 2012. Pourquoi aurait-il dû redouter des représailles russes, puisque son cas avait été réglé d'État à État ?

Depuis, il était même retourné en Russie, sans encombre, notamment pour voir sa fille, Ioulia, âgée de 33 ans. Le 4 mars, c'est elle qui était venue, à son tour, à Salisbury. Ce jour-là, un dimanche, quand Sergueï Skripal ouvre la porte de sa maison, il n'imagine pas une seconde qu'il vient d'être rattrapé par un scénario digne de la guerre froide. La porte et surtout la poignée ont été aspergées de Novitchok, un agent neurotoxique innervant datant de l'ère soviétique. Le moindre contact avec la peau est dangereux. Quelques heures plus tard, les Skripal, père et fille, sont découverts, agonisants, sur un banc près du centre-ville. Douze ans après la mort, à Londres, d'Alexandre Litvinenko, un ex-agent du KGB, empoisonné à l'aide d'une substance radioactive, voici Moscou de nouveau accusé d'avoir frappé à l'arme chimique sur le sol britannique.

À l'évidence, la chute du communisme et la fin de la guerre froide n'ont pas changé grand-chose aux relations pour le moins particulières qu'entretiennent ces deux pays : ce sont les meilleurs ennemis de l'espionnage mondial. « Après la chute du mur de Berlin, et jusqu'à la crise ukrainienne et l'annexion de la Crimée, en 2014, il y a eu un rapprochement avec Moscou, constate Dominic Grieve, député conservateur et président du comité parlementaire chargé du contrôle des services de renseignement (ISC). Nous avons voulu conserver de bonnes relations avec la Russie, mais l'affaire Skripal montre que cela n'est pas possible. C'est une provocation, ils vont à la limite et ne s'arrêtent que lorsqu'on fait preuve de force. » Pour Charles Farr, président du Comité conjoint du renseignement (JIC), chargé de coordonner auprès du Premier Ministre les affaires de renseignement, « la Russie est redevenue un sujet brûlant en 2016-2017 » avec le durcissement de la politique étrangère russe.

Exilés sollicités

Moscou ne s'attendait pas à une réaction aussi vive après l'affaire Skripal. La Grande-Bretagne et ses alliés, dont les États-Unis et la France, ont expulsé 160 diplomates russes. À bien y regarder, la liste n'avait pas de lien direct avec l'opération de Salisbury. Elle recensait, dans chaque pays, les noms des officiers de renseignement déjà identifiés, pour l'essentiel des agents du SVR, le service de renseignement extérieur civil, concurrent du GRU. «Pour Londres, c'est un moyen de déstructurer la résidence du SVR, décrypte un poids lourd du contre-espionnage français. Mais a-t-on intérêt à chasser des gens que l'on a dans le viseur? Si oui, il faut qu'ils soient remplacés par des débutants…» Autrement dit des agents faciles à identifier.

Les Britanniques ont également porté les hostilités sur le terrain judiciaire. Après l'incident de Salisbury, quinze enquêtes ont été ouvertes sur l'éventuelle implication de la Russie dans la mort, ces dernières années, d'oligarques exilés à Londres ou de leurs proches. Des décès dont l'origine, jusque-là, n'avait pas été considérée comme suspecte. Le plus connu d'entre eux, Boris Berezovski, longtemps faiseur de rois dans la Russie postsoviétique – dont Vladimir Poutine avant d'en devenir l'ennemi juré –, a été retrouvé, en 2013, pendu dans sa salle de bains avec une côte cassée. Quant à son principal associé, Scot Young, il est tombé de sa fenêtre et a fini empalé sur les grilles au bas de son immeuble. Les Britanniques qui, comme lui, figurent parmi les victimes jouaient tous un rôle financier auprès de ces Russes fortunés.

Devant la Maison Pouchkine, le centre culturel russe de Londres, certains habitués rappellent volontiers que les autorités britanniques n'ont pas toujours été aussi suspicieuses vis-à-vis des Russes, en particulier les oligarques installés sur son sol. Ils se souviennent notamment de ce jour de mars 2014 où des photographes de presse avaient « shooté », sous le bras d'un fonctionnaire du ministère des Affaires étrangères en chemin vers la résidence du Premier Ministre, un document où figurait noir sur blanc la recommandation de « ne pas fermer le centre financier de Londres aux Russes ».

Il est vrai que Londres fait tout pour attirer les capitaux. Voilà des années qu'elle offre aux hommes d'affaires un régime fiscal très avantageux sans trop se soucier de l'origine des fonds. Bien des oligarques en ont profité pour s'y établir avec leurs familles. « Ce sont aussi des sources d'infos pour les services britanniques, à leur insu ou volontairement », note un policier français qui travaille souvent avec la Grande-Bretagne. Selon lui, les services secrets extérieurs anglais (MI6) espionnent les maisons, voitures, téléphones et ordinateurs de ces résidents au profil particulier, à mi-chemin entre business et politique.

Il arrive aussi que les exilés soient sollicités par le contre-espionnage local. Ainsi, quand l'ex-agent Alexandre Litvinenko obtient l'asile, en 2001, en Angleterre, après vingt ans passés au FSB, il se rapproche dans un premier temps du milliardaire Berezovski. Son faible niveau d'anglais le rend peu autonome, mais son opposition au régime russe lui vaut le soutien financier de ce riche compatriote, disposé à prendre en charge son logement, l'école de ses enfants et la publication de deux ouvrages très critiques vis-à-vis de Moscou. Mais Litvinenko ne fera pas qu'écrire des livres… Selon sir Robert Owen, ex-juge de la Haute Cour et auteur, en 2016, du rapport d'enquête sur sa mort par empoisonnement, « le FSB estimait certainement qu'il avait commencé à travailler pour le MI6 ». D'après lui, la décision de le supprimer avait été « probablement approuvée (…) par Nikolaï Patrouchev, chef du FSB, et Vladimir Poutine », qui a ironisé en public sur sa mort.

Fortunes sous surveillance

Interrogée par sir Owen, la veuve de Litvinenko a affirmé que son mari percevait un salaire mensuel de 2 000 livres sterling (2 300 euros) de la part des Britanniques. Il aurait également participé, à partir de 2002, à l'analyse des archives du KGB, transmises en 1992 à la Grande-Bretagne par un autre ancien agent, Vasili Mitrokhin. Enfin, il aurait coopéré, toujours d'après son épouse, avec les services secrets espagnols (CNI) à partir de la fin 2004. Des faits confirmés, en 2006, devant la police, par Berezovski : « Il les a aidés à arrêter un mafieux russe du nom de Shakuro et il espérait que les renseignements qu'il avait apportés sur les activités de blanchiment de Roman Abramovitch [oligarque russe et patron du club de football de Chelsea] en Espagne puissent conduire à son arrestation. »

Le cas de Sergueï Skripal paraît différent. Lui n'était pas un combattant politique. Vieux serviteur du GRU, il avait choisi de trahir au profit de Londres au début des années 1990. Lors de son procès, à Moscou, en 2006, on a appris qu'il avait été recruté du temps où il était en poste à Madrid et qu'il aurait aidé les services secrets anglo-saxons à débusquer les agents du GRU dans le monde entier. En 2010, en guise de gratitude, Londres obtient qu'il fasse partie d'une offre d'échange faite par les Américains aux Russes. Il s'agissait de renvoyer dix agents dits « illégaux » arrêtés aux États-Unis contre la libération de deux Russes ayant travaillé pour la CIA et deux autres pour le MI6, dont Skripal. Ce « troc » a permis à ce dernier d'échapper aux neuf ans de prison qui lui restaient à purger.

Mais les Britanniques n'offrent pas de retraite dorée aux ex-agents doubles. Les défraiements étant modestes, ils doivent continuer à collaborer. Ainsi, d'après la revue tchèque *Respekt* et le *New York Times*, Skripal se serait rendu à Prague en 2012, sur ordre du MI6 et contre rémunération, pour partager son savoir sur les activités du GRU dans le pays. Il aurait fait de même, en 2016, en Estonie et en Espagne. De quoi lui permettre d'acheter la BMW rouge foncé souvent garée devant sa maison de Salisbury. Visiblement satisfaits de son aide, ces services étrangers sont venus à Londres le rencontrer de nouveau et sans doute solliciter ses conseils pour des opérations de recrutement. Pour Moscou, c'en était probablement trop.

Les autorités russes ont nié toute responsabilité dans ce qui ressemble fort à une tentative d'assassinat. Mais il y a clairement dans leur attitude la volonté d'établir, comme souvent dans le passé, un rapport de force. C'est en tout cas l'analyse de sir David Omand, ex-directeur du GCHQ, les puissants services secrets techniques britanniques : «Moscou a toujours considéré que Londres était son premier ennemi parce que nous étions les meilleurs connaisseurs de leurs services de renseignement, explique-t-il au *Monde*. Notre capitale est aussi un hub où le monde entier se donne rendez-vous et enfin un excellent endroit pour savoir ce qui se passe aux États-Unis.»

L'affaire Skripal n'a pas seulement eu des conséquences dans les cercles de l'espionnage. Au-delà, elle a conduit les Britanniques à durcir le ton face aux oligarques. «Le gouvernement ne les voit plus d'un œil positif, ils amènent plus de problèmes qu'ils n'en résolvent», glisse David Omand. Ainsi, Roman Abramovitch n'a pas eu de réponse à sa demande de renouvellement de visa expiré fin avril. Il a opté, depuis, pour la nationalité israélienne.

Leurs fortunes sont également sous surveillance. Un amendement, adopté le 1er mai, impose aux territoires d'outre-mer du Royaume-Uni de déclarer publiquement, d'ici à 2020, l'identité des propriétaires des entreprises qui y sont enregistrées. « Ce n'est pas qu'un effort de transparence contre la fraude et le blanchiment, c'est une conséquence de l'affaire Skripal », analyse Dominic Grieve, qui a soutenu la modification de la loi. Désormais hors de danger, l'ancien agent et sa fille vivent sous protection et n'ont plus remis les pieds dans la maison en briques rouges de Salisbury. Ils devraient changer d'identité et basculer dans une nouvelle vie, aux États-Unis cette fois, et avec l'aide de la CIA.

9 avril 2019

Bons baisers de Genève

Evgueni Serebriakov avait fini par croire qu'il n'existait pas de plus beau métier que celui d'espion. Après l'école de formation des services secrets militaires russes, il avait gravi les échelons jusqu'à devenir chef adjoint de l'unité 26165, tête de pont du cyberespionnage, l'arme préférée du Kremlin. Loin de l'image du geek collé à son ordinateur, cet agent né à Koursk en juillet 1981 s'activait sur le terrain, sous couverture diplomatique. En mission, il ne dédaignait pas, comme à Rio un jour de juillet 2016, se prendre en photo accompagné d'une jolie femme. Sur l'un de ces clichés, on le voit, ravi, calvitie naissante, lunettes de soleil accrochées à son polo.

Comme le reste de l'unité 26165, il fonctionnait en doublette et partait régulièrement avec Alexeï Morenets, de quatre ans son aîné, originaire de Mourmansk. Les deux hommes avaient beau être des espions, ils pouvaient voyager sous leur véritable identité, ce qui accentuait leur sentiment de facilité et d'impunité. En dehors du Brésil, le « diplomate » Serebriakov s'est rendu aux États-Unis, en Malaisie ou encore en Suisse. Un pays où il a exercé, à plusieurs reprises, ses talents d'agent secret.

Ainsi, le 19 septembre 2016, Serebriakov et Morenets se trouvent à Lausanne dans un grand hôtel où résident nombre de participants à une conférence organisée par l'Agence mondiale antidopage (AMA). À cette époque, la Russie est au cœur de graves accusations. En juillet, un rapport d'enquête du juriste canadien Richard McLaren, chargé par l'AMA de travailler sur la dimension institutionnelle de cette triche, a fait grand bruit. Un autre rapport est attendu en décembre, centré cette fois sur l'organisation du dopage dans le football russe. Dans ce contexte, Moscou organise sa riposte et mobilise Serebriakov et Morenets. Leur mission : aller au plus près de l'adversaire – l'AMA – afin de pénétrer ses systèmes de communication.

Siphonnage de données

Les unités technologiques du GRU sont habituées à mener des attaques informatiques à distance, depuis Moscou. Mais les dispositifs de sécurité sont parfois si difficiles à contourner que les cyberespions doivent se déplacer pour entrer dans les ordinateurs grâce aux faiblesses des systèmes Wi-Fi des hôtels ou des centres de conférences. C'est le cas ce 19 septembre 2016, à Lausanne, où leur cible est l'un des participants à la conférence de l'AMA, un responsable du Centre canadien pour l'éthique dans le sport (CCES), un organisme qui prône une ligne dure contre la Russie.

Serebriakov et Morenets profitent d'un moment où il se connecte à Internet avec son ordinateur portable pour y implanter plusieurs virus informatiques : Gamefish, X-agent, X-tunnel, RemComSvc… Dès le lendemain, le Canadien est surpris de découvrir, dans les «éléments envoyés» de ses courriels, un message qu'il est censé avoir adressé à l'un des chefs du service médical de l'AMA. À l'évidence, c'est un faux : outre les erreurs typographiques et la signature suspecte «*sent from my SamsungCopenhagen*», ce message comprend des pièces jointes qui sont autant de chevaux de Troie destinés à pénétrer le système informatique de l'AMA.

Les agents russes réussissent aussi, lors de cette opération, à s'introduire dans le serveur du CCES au Canada. L'enquête menée par la suite par les services secrets techniques canadiens montrera l'ampleur du piratage : une centaine de documents confidentiels liés aux rapports McLaren ont été récupérés par le GRU. L'AMA reconnaît avoir subi le vol de données médicales personnelles d'athlètes par des hackers russes. Le même groupe qui revendiquera, plus tard, l'intrusion dans les courriels d'Hillary Clinton, candidate démocrate à la présidence des États-Unis.

En mars 2017, selon la justice suisse, Serebriakov serait retourné à Lausanne à l'occasion d'un symposium organisé par l'AMA au SwissTech Convention Center, l'un des centres de congrès les plus high-tech au monde. Près de 700 experts de la lutte contre le dopage sont réunis à cette occasion. Le juriste Richard McLaren, de nouveau présent, détaille devant eux le système de triche mis en place par l'État russe lors des jeux Olympiques d'hiver de Sotchi, en 2014. À l'époque, des échantillons d'urine positifs disparaissaient des bureaux du laboratoire d'analyses par un trou creusé dans un mur jouxtant les locaux occupés par les services secrets russes et étaient remplacés par de l'urine «propre».

Comme lors du congrès précédent, les membres de l'unité 26165 du GRU s'installent dans le même hôtel lausannois que des participants à la conférence et s'infiltrent, grâce au Wi-Fi, dans leurs ordinateurs avant de donner la main à leurs collègues restés à Moscou chargés de «pomper» à distance les données confidentielles. Le duo d'agents s'aventure aussi à proximité des bâtiments du centre de congrès pour se connecter au Wi-Fi utilisé par les congressistes. Sauf que, cette fois, les garde-fous mis place par les autorités suisses après les mésaventures de l'AMA en septembre 2016 vont permettre de réagir…

Le Service de renseignement de la Confédération et leurs partenaires, notamment américains et canadiens, transmettent des éléments à la justice helvétique, qui s'empare de l'affaire. « Nous dirigeons depuis mars 2017 une procédure pénale à l'encontre de deux prévenus en raison d'une attaque contre l'AMA sur des présomptions de renseignement politique », confirme au *Monde* le ministère public de la Confédération (MPC).

Sans être nommés, Serebriakov et Morenets sont les « deux prévenus » en question. Une autre personne est dans le viseur. Selon nos informations, il s'agirait d'un diplomate russe nommé en Suisse après avoir occupé un poste en France. Il est soupçonné d'avoir apporté un soutien logistique aux deux agents du GRU. Quand son immunité diplomatique a été levée par la Suisse en 2018, il était trop tard : il avait déjà filé vers Moscou.

C'est aux Pays-Bas, et non en Suisse, que s'arrête finalement le parcours du duo Serebriakov-Morenets, le 13 avril 2018. Ce jour-là, à La Haye, ils se trouvent à bord d'une voiture avec deux collègues quand les services secrets néerlandais parviennent à les intercepter. Le véhicule, bourré de matériel d'interception électronique, est garé au pied des locaux de l'Organisation pour l'interdiction des armes chimiques (OIAC). L'OIAC discute alors de l'utilisation des armes chimiques en Syrie, un pays où la Russie joue un rôle central. Il est également prévu que l'OIAC aborde la question de la tentative d'empoisonnement dont a été victime quelques semaines plus tôt Sergueï Skripal.

En réalité, l'arrestation du groupe est le fruit d'une coopération entre divers services occidentaux. « Le SRC [Service de renseignement de la Confédération] a participé activement à cette opération en collaboration avec ses partenaires hollandais et britannique et a ainsi contribué à la prévention d'actions illégales contre une infrastructure critique suisse », assure au *Monde* le service suisse. L'infrastructure visée était le Laboratoire fédéral atomique, biologique et chimique de Spiez, au sud de Berne, habilité et utilisé notamment par l'OIAC et l'AMA. L'examen du matériel saisi auprès des Russes, à commencer par l'ordinateur de Serebriakov, a montré que celui-ci avait effectué des recherches sur ce laboratoire, également connu pour avoir été sollicité dans l'affaire Skripal.

Enfin, les enquêteurs ont recueilli des éléments laissant penser à la préparation d'un voyage entre les Pays-Bas et la Suisse : des billets de train Amsterdam-Berne ; des copies papier de consultations Google Maps pour se rendre au consulat russe à Genève. Tout indique qu'une offensive informatique contre le laboratoire était en préparation.

Ces éléments aident peu à peu à reconstituer le parcours de Serebriakov et de Morenets. Ainsi, à la mi-septembre 2018, la cellule enquête du groupe de presse suisse Tamedia met en lumière les liens entre leur arrestation à La Haye et la tentative de piratage informatique de l'AMA à Lausanne en 2017. Le chef du SRC, Jean-Philippe Gaudin, déclare pour sa part : « La présence russe a toujours été forte, mais elle s'est encore accentuée ces dernières années. » Le rapport 2018 du SRC souligne d'ailleurs l'ampleur du problème, bien au-delà des agents Serebriakov et Morenets : « L'un de ces États [la Russie] fait largement appel à des officiers de renseignement séjournant en Suisse sous couverture diplomatique ; un quart ou même un tiers des collaborateurs du corps diplomatique de ce pays sont des espions. »

Refus d'accréditations

L'espionnage russe atteint un tel niveau que les autorités suisses doivent sortir de leur réserve habituelle. Lors de l'Assemblée générale de l'ONU, à New York, le ministre des Affaires étrangères, Ignazio Cassis, se plaint vertement auprès de son homologue russe, Sergueï Lavrov. « Lavrov a été surpris de voir Cassis l'attaquer sans même consacrer quelques minutes aux politesses diplomatiques d'usage », se souvient un diplomate suisse. Puis, dit-il, « Cassis a envoyé le chef du SRC à Moscou pour s'expliquer les yeux dans les yeux avec ses homologues russes ».

Outre la levée de l'immunité du complice du duo Serebriakov-Morenets et la convocation de l'ambassadeur russe à Berne, la Suisse oppose, en 2018, cinq refus à des demandes d'accréditation de diplomates de ce pays, une pratique rare. « Ces prises de parole officielles s'inscrivent dans une séquence post-Skripal et on constate une militarisation des relations internationales, précise au *Monde* la secrétaire d'État aux Affaires étrangères, Pascale Baeriswyl. Nous avons décidé d'être plus clairs, mais la Suisse conserve néanmoins sa ligne de dialogue avec la Russie. »

Le pays n'a pas les moyens politiques et économiques d'assumer un rapport de force avec Moscou. Il doit, de plus, composer entre la défense de sa souveraineté et celle de son économie. Comment faire la chasse aux « faux diplomates » et conforter en même temps le pays comme carrefour mondial des négociations diplomatiques ? « Rien qu'à Genève, assure le major Stéphane Barbezat, chef de la police internationale du canton, il y a près de 29 000 diplomates et fonctionnaires internationaux accrédités, une communauté qui a dépensé 6 milliards de francs [5,34 milliards d'euros] en 2018 et, chaque jour, on relève l'organisation d'une réception ou d'un événement. »

Dans le quartier international de la ville, à l'heure d'ouverture des bureaux, l'entrée de la grande mission permanente de la Fédération de Russie auprès de l'ONU ne laisse rien transparaître de ces tensions. Aucune mesure de sécurité particulière, les employés arrivent de l'arrêt de bus voisin ou en voiture. Seuls les regards noirs des chauffeurs de berline aux vitres fumées rappellent que ni le lieu ni le moment ne sont anodins. Sollicitée, la porte-parole de la mission, Olga Zhigalova, se refuse à tout commentaire. « Le paradoxe, lâche un pilier de la sécurité genevoise, c'est que les Russes sont aujourd'hui plus détendus qu'à l'époque de la guerre froide. »

7 juin 2019

Un nouvel espion russe identifié en France

L'ex-vice-consul de Marseille a poursuivi ses activités en Suisse, où il fait l'objet de poursuites judiciaires.

La chasse aux espions russes en Europe bat son plein. Une guerre secrète si intense que des gouvernements occidentaux sont parfois sortis du silence. Une première fois après la tentative d'empoisonnement, en mars 2018, dans le sud de l'Angleterre, de l'ex-agent russe Sergueï Skripal, puis lors de l'arrestation à La Haye, un mois plus tard, de quatre autres espions du GRU qui tentaient de pénétrer les systèmes de l'Organisation pour l'interdiction des armes chimiques.

Le mutisme observé, depuis, sur l'activisme du GRU ne signifie pas qu'il a diminué. En 2018, un nouvel espion russe a été identifié et dénoncé sans que son nom soit, cette fois-ci, divulgué par les autorités. Il s'agit de Sergueï Jeltikov, qui occupait des fonctions consulaires en Suisse. L'homme est accusé par la justice helvétique d'avoir fait partie d'un commando itinérant du GRU comprenant deux des agents arrêtés à La Haye en avril 2018, Evgueni Serebriakov et Alexeï Morenets. Ces deux hommes, agissant sous couverture diplomatique, étaient membres de la redoutable unité 26165 du GRU.

Selon les services secrets suisses, M. Jeltikov aurait servi de relais logistique et aurait veillé à la sécurité du duo Serebriakov-Morenets en mars 2017 à Lausanne lors d'une opération de piratage informatique visant l'Agence mondiale antidopage. Près de 700 experts de la lutte contre le dopage étaient réunis pour entendre le juriste Richard McLaren, auteur d'un rapport sur le système de triche mis en place par l'État russe lors des jeux Olympiques d'hiver de Sotchi, en 2014. En 2018, M. Jeltikov aurait également préparé la venue de ses deux acolytes pour une autre opération contre le laboratoire fédéral atomique, biologique et chimique de Spiez, au sud de Berne, habilité notamment par l'OIAC et l'AMA.

Longue poursuite

Si M. Jeltikov a été dénoncé comme espion par la Suisse en 2018, les services de renseignement helvétiques savaient en réalité depuis la fin 2016 qu'il œuvrait pour le GRU en Europe. Une information fournie par le contre-espionnage français qui le suspectait depuis des mois d'appartenir au renseignement militaire russe.

Mi-septembre 2016, alors qu'il occupe les fonctions de vice-consul au consulat de Marseille, réputé être un nid du GRU en France, des agents de la Direction générale de la sécurité intérieure (DGSI) le prennent en filature jusqu'à l'aéroport de Marignane. Ils ont la surprise de le voir accueillir deux Russes en provenance de Moscou qui voyagent sous leur vrai nom : Evgueni Serebriakov et Alexeï Morenets.

C'est le début d'une longue poursuite. Les espions français ne vont plus les lâcher. Les trois hommes partent de

Marseille en voiture vers la Suisse. Ils rejoignent Genève, où ils font montre d'une grande prudence pour éviter d'être suivis. Ils quittent la cité genevoise pour la ville d'Évian en Haute-Savoie. Là, le trio se sépare. Serebriakov et Morenets retournent à Genève en bateau, alors que Jeltikov les rejoint après avoir fait le tour du lac Léman en voiture. Le SRC est informé et entre dans la boucle de la surveillance. Il faudra néanmoins du temps pour reconstituer tous les faits, qui seront établis avec l'aide d'autres services secrets, ceux du Royaume-Uni et des États-Unis.

Le 19 septembre 2016, les trois hommes se retrouvent à Lausanne dans un grand hôtel où résident des participants à une conférence organisée dans la ville par l'AMA, qui doit traiter du premier rapport d'enquête du Canadien Richard McLaren, paru en juillet, sur le dopage institutionnel de la Russie. Un deuxième rapport est attendu en décembre sur l'organisation de la triche dans le football russe. Les accusations de plusieurs institutions internationales visent les pratiques du Kremlin qui a mobilisé, en retour, ses services secrets pour contrer les attaques.

Les cyberespions du GRU sont habitués à mener des attaques informatiques à distance, depuis Moscou. Mais les dispositifs de sécurité se sont renforcés et sont difficiles à contourner, nécessitant des déplacements sur le terrain. Le GRU envoie ses commandos itinérants au plus près des cibles pour entrer dans les ordinateurs grâce aux faiblesses des systèmes Wi-Fi des hôtels ou des centres de conférences. Le « diplomate » Serebriakov a déjà effectué ce genre de missions au Brésil, aux États-Unis et en Malaisie. Cette fois-ci, il est en Suisse avec ses deux collègues. L'espionnage est adepte du temps long. Les services alliés observent parfois pendant des années les allées et venues des faux diplomates russes et partagent les données recueillies.

« Passe-muraille »

À Marseille, Jeltikov faisait profil bas. Les archives de la presse régionale, à *La Provence* ou *La Marseillaise*, ne recèlent aucune mention ou photographie du personnage assistant à un événement local, comme c'est le cas pour d'autres membres du consulat de la cité phocéenne. De même, aucune des personnes contactées au sein de la communauté russe à Marseille, au sein de l'Alliance franco-russe ou de la revue bilingue *Perspective*, proche du consulat, n'a de souvenir du vice-consul Jeltikov. Son nom ne figure en outre dans aucun registre de la Direction des relations internationales et européennes de la ville de Marseille, qui gère les relations avec les nombreux consulats étrangers présents dans la ville.

Jeltikov est décrit comme un « passe-muraille » par un ancien du renseignement intérieur. À Marseille, ses activités paraissent avoir aussi été consacrées aux divers centres d'intérêt du GRU dans la région : les sites d'Eurocopter et d'Airbus, ou encore, toute proche, la première base navale française, à Toulon.

Si ses agissements ont été découverts par la DGSI, le ministère des Affaires étrangères français ne connaissait pas son existence. Il n'était, en effet, pas enregistré parmi les membres du personnel diplomatique russe en France. Ni l'ambassade ni le consulat ne l'avaient déclaré. Quel était son titre de séjour pour vivre en France ? Les services français l'ont-ils sciemment laissé résider sur le sol français pour mieux connaître les activités du renseignement militaire russe ?

Jeltikov quitte la France en octobre 2016, peu de temps après avoir accompli sa mission en Suisse avec ses deux comparses. Le consulat russe de Marseille, joint par *Le Monde*, indique qu'il avait atteint le terme de son séjour et dément tout autre motif. Mais des messages ont pu être envoyés par la DGSI au GRU, sans passer par la voie diplomatique, pour qu'il rapatrie son agent à Moscou. Une mesure qui ne l'empêchera pas d'être affecté en Suisse, quelques mois plus tard, toujours dans des fonctions consulaires.

Il faudra que Serebriakov et Morenets soient arrêtés en avril 2018 à La Haye, avec deux autres agents russes, près d'une voiture pleine de matériel d'interception électronique garée au pied de l'OIAC, pour que la Suisse sorte de sa réserve à l'encontre de Jeltikov. Après la saisine du ministère public de la Confédération par le SRC, le ministère helvétique des Affaires étrangères et le Conseil fédéral décident de lever son immunité diplomatique. L'ambassade est informée de la procédure en cours. Lorsque la justice tente de l'interroger, il est trop tard : il a déjà filé vers Moscou. Où il doit toujours se trouver.

24 juin 2019

L'espion russe du Conseil de l'Europe

Nommé consul général de Russie à Strasbourg, en 2015, Valery Levitsky a été prié de quitter la France en avril 2018. *Le Monde* révèle que son expulsion est la conséquence de ses activités clandestines au sein de l'institution.

Cet homme-là a l'art de la dissimulation. Rien ne transparaît, ni tension ni fatigue, dans le regard du consul général de Russie à Strasbourg, Valery Levitsky, ce 28 mars 2018, à la fois jour d'anniversaire et pot de départ dans les locaux consulaires. À le voir poser sur la photo avec une quinzaine de personnes, on se dit que sa maîtrise est totale. Pourtant, quelques jours plus tôt, la nouvelle est tombée, brutale : les autorités françaises lui ont notifié son expulsion pour faits d'espionnage et appartenance au GRU. Le 1er avril, il sera dans l'avion pour Moscou.

Avec lui, trois autres diplomates russes en poste en France, membres du même service, ont été priés de quitter le territoire. Sans y être liés, ils paient l'affaire Sergueï Skripal. Sans cette mesure de solidarité avec Londres décidée par Paris, M. Levitsky serait toujours en France à l'heure actuelle et poursuivrait ses activités clandestines tout en sacrifiant le reste de son temps à sa couverture officielle : gérer le consulat, participer à des visites mémorielles et protocolaires, à des événements associatifs, culturels et autres cérémonies de jumelage.

Mieux vaut ne pas trop se fier à ce visage rond ni à cette carrure rassurante. Valery Levitsky, un homme âgé d'une cinquantaine d'années, ne chômait pas dans son autre vie, celle d'espion. « Il commençait même à nous gonfler ! On le voyait trop », assure-t-on, sans détour, du côté du contre-espionnage français, où l'on a profité de l'affaire Skripal pour inscrire son nom sur la liste des « indésirables » sur le sol national. Il faut dire que l'agent de renseignement Levitsky, sous couvert de son titre de consul général, s'était fait remarquer sur un terrain qualifié de « prédilection » par ceux qui étaient alors sur ses talons : le Conseil de l'Europe à Strasbourg.

Cette institution, peu connue du grand public, qui accueille quarante-sept pays, dont la Russie et la Turquie, et des pays observateurs, n'est pas sans intérêt pour les autorités de Moscou. Leur pays a souvent été placé en porte-à-faux sur la scène internationale par ce Conseil, tout entier focalisé sur les questions de droits de l'homme, d'État de droit et de démocratie. « Cette place diplomatique strasbourgeoise, assez dense mais de second rang, permet à la Russie de gagner l'adhésion d'autres pays membres à ses thèses et de saper les positions de ceux qui dénoncent ses pratiques antidémocratiques, confirme un officiel français. En tant que membre, elle peut aussi agir de l'intérieur, peser sur le discours du Conseil de l'Europe et affaiblir le poids de l'Europe. »

De fait, dans la ville alsacienne, les espions et les diplomates sont moins surveillés qu'à Genève, Bruxelles ou New York. La large délégation russe auprès du Conseil est un moyen d'envoyer des espions sous couverture diplomatique avec la possibilité de rayonner dans toute l'Europe de l'Ouest. C'est aussi l'endroit idéal pour aller à la pêche aux informations et tenter de recruter des sources. Les informateurs potentiels ne manquent pas : le Conseil emploie 2 300 personnes, essentiellement des fonctionnaires des États membres mis à disposition et bénéficiant de l'immunité de fonctionnaire européen, auxquels il convient d'ajouter 1 000 diplomates. Enfin, les bâtiments de l'institution jouissent d'une inviolabilité reconnue par les traités. Même les policiers français doivent laisser leurs armes à l'entrée. Sans oublier que le chef de la sécurité est russe…

Divers recoupements ont permis à la DGSI de mettre en évidence les agissements hostiles de M. Levitsky. Les contre-espions français, dont certains passent des heures dans la cafétéria du Conseil, haut lieu du « tamponnage » de cibles – la phase d'approche, dans le jargon de ce monde très particulier –, ont d'abord fait remonter certaines observations. Puis ces soupçons ont été étayés par des interceptions techniques et des éléments transmis par des services partenaires.

Les agents français n'ont pas surpris le consul en train de remettre des fonds à un informateur contre la remise de documents confidentiels. M. Levitsky a été expulsé pour avoir servi de relais à des agents d'influence russes très agressifs, voire à d'autres espions itinérants. Il leur ouvrait des portes et obtenait des rendez-vous auprès de personnalités généralement inaccessibles. Il se livrait, enfin, lui aussi, à des activités d'influence et de collecte de renseignements auprès de diplomates de haut niveau. Au point de peser, dans l'ombre, sur certaines décisions stratégiques de l'institution.

Un œil sur le Caucase

Cette omniprésence dans la vie du Conseil de l'Europe, sans lien avec sa fonction officielle de consul, n'est pas due au hasard. Arrivé le 11 juin 2015 à Strasbourg, cela faisait en réalité des années que Levitsky était au contact de l'institution. Avant de venir en France, il travaillait à Moscou au sein de l'administration de la Douma, le parlement russe, en tant que directeur adjoint du bureau de coopération internationale. Une autre couverture du GRU. Le 24 mars 2010, il cornaquait déjà la visite, en Ingouchie, une République musulmane voisine de la Tchétchénie, de Dick Marty, alors rapporteur de l'Assemblée parlementaire du Conseil de l'Europe (APCE) sur les droits de l'homme du Caucase du Nord.

À l'époque, l'Ingouchie compte parmi ces petites républiques du sud de la Fédération de Russie dont certaines sont rongées par une guerre larvée entre les forces de sécurité russes et des guérillas islamistes. Le pays est la proie des exactions des forces de sécurité russes, qui, au nom de la lutte antiterroriste, kidnappent, torturent et font disparaître les contestataires. Les parents de disparus qui font appel à la Cour européenne des droits de l'homme, à Strasbourg doivent vite quitter le pays. Lors du séjour de M. Marty, M. Levitsky est censé représenter la Douma. En réalité, c'est l'œil du GRU, chargé de surveiller les rencontres avec les opposants et activistes ingouches. Il assiste même à la discussion avec le président Iounous-Bek Evkourov, nommé par le Kremlin en 2008, mais qui n'hésite pas à consulter les militants des droits de l'homme.

Peu médiatisées, ces visites de rapporteurs du Conseil de l'Europe dans de petits pays sous l'emprise de régimes autoritaires ou en proie à des tensions politiques ont une grande importance pour les défenseurs locaux des droits de l'homme. Pour la Russie, ce regard extérieur sur ce qu'elle considère être son pré carré est vécu comme une ingérence. D'où l'implication active du GRU. Au Conseil de l'Europe, qui a refusé de répondre aux questions du *Monde* sur le cas Levitsky, on évoque, sous couvert d'anonymat, le souvenir de missions difficiles du Comité contre la torture dans ces républiques du Caucase. Des voyages au cours desquels ses membres avaient fait l'objet de menaces et d'opérations de déstabilisation.

Le 21 mai 2013, Valery Levitsky apparaît cette fois-ci à Moscou, toujours comme directeur adjoint du bureau de coopération internationale de la Douma, à la rencontre entre le patriarche orthodoxe, Kirill, et le secrétaire général du Conseil de l'Europe, le Norvégien Thorbjørn Jagland. Pour M. Levitsky, c'est un moyen d'étoffer son réseau au plus haut niveau. Les 11 et 12 septembre 2014, à Oslo, lors de la Conférence européenne des présidents de parlement, il cumule ses fonctions à la Douma et celles de secrétaire de la délégation russe de l'Assemblée parlementaire du Conseil de l'Europe. Cette assemblée est composée de parlementaires désignés par les parlements nationaux des États membres du Conseil de l'Europe.

Diplomates sous surveillance

Ses contacts au sein de l'institution européenne sont donc anciens, et bien antérieurs à sa nomination à Strasbourg. Comme l'enseigne et le veut la culture russe du renseignement, c'est un investissement à long terme. Une école et une doctrine qui valent autant pour les agents sous couverture, comme lui, que pour ceux, baptisés les « illégaux », envoyés sous une fausse identité dans des pays où ils vivent des dizaines d'années.

Quand il prend ses fonctions de consul général de Russie à Strasbourg en 2015, Levitsky dispose déjà de son propre carnet d'adresses et d'un accès privilégié à Thorbjørn Jagland, réélu en 2014 secrétaire général du Conseil. Il est à son aise et se déplace avec une grande liberté au sein de l'institution, notamment le mercredi, jour de la réunion hebdomadaire des quarante-sept ambassadeurs auprès du Conseil.

Si la plupart des accusations d'espionnage visant le diplomate russe paraissent se cantonner au Conseil, des interrogations ont également pu exister sur des liens noués avec des élus français dans le cadre de ses fonctions consulaires. Le 9 décembre 2016, il est auprès de Laurent Garcia, alors maire (apparenté MoDem) de Laxou, en Lorraine. « Il était venu à Nancy en février, l'événement était culturel et lié au partenariat Lorraine-Russie », se souvient M. Garcia, qui lui avait alors remis la médaille de la ville. Élu député en 2017, ce dernier intègre le groupe d'amitié franco-russe à l'Assemblée. « Je n'ai reçu aucun coup de fil de ce monsieur ni fait l'objet d'approches, assure-t-il aujourd'hui. Notre travail au sein du groupe d'amitié est encadré par l'Assemblée, et la jeunesse en politique des autres membres n'a pas, à ma connaissance, généré d'imprudences particulières. »

Avec ou sans Valery Levitsky, le consulat général de Russie à Strasbourg demeure sous haute surveillance. Les caméras placées au centre du carrefour de la place Sébastien-Brant, face au bâtiment, ne servent pas qu'à observer la circulation. Elles ne ratent rien des allées et venues. Les contre-espions français peuvent aussi s'installer quai Rouget-de-Lisle, qui borde l'Ill, un affluent du Rhin, à l'arrière du consulat, d'où sortent les véhicules des diplomates russes. Le successeur du consul expulsé, Sergueï

Galiatkonov, arrivé en juin 2018, n'est resté que trois mois. Son visa n'a pas été renouvelé à cause d'un CV d'espion trop voyant, selon les dires d'un diplomate français. En novembre 2018, Youri Soloviev, au profil plus discret, s'installait pour de bon dans le fauteuil de consul général. Sollicité par *Le Monde*, il n'a pas souhaité répondre aux questions sur les accusations portées sur les activités du consulat russe.

Début mai, l'épouse de Valery Levitsky, Elena, a publié sur son compte Facebook des photos de la présentation, dans une librairie moscovite, de son dernier livre pour enfants, un ouvrage bilingue franco-russe de 144 pages. À l'origine, elle devait célébrer cette sortie à Strasbourg, mais le déménagement précipité des Levitsky a contrarié ce projet. De retour en Russie, son mari avait assuré à un média local ne pas connaître le motif de son expulsion. Il pensait que cela devait avoir un lien avec l'affaire Skripal et qualifiait cette décision de « nouvelle provocation euroatlantique ».

5 décembre 2019

La Haute-Savoie, camp de base d'espions russes

Une traque menée par plusieurs services européens met en évidence une liste de quinze noms d'agents du GRU.

La vengeance est un plat qui se mange froid, surtout dans le monde de l'espionnage. Selon les informations du *Monde*, une traque sans précédent, lancée au printemps 2018 par les services de contre-espionnage britannique, français et suisses, et leurs partenaires, notamment américains, a permis de dresser une liste de quinze officiers du renseignement militaire russe. Ces membres d'une même unité, spécialisée dans les assassinats, ont circulé en Europe de 2014 jusqu'à la fin 2018.

Les différents services secrets se sont mobilisés après l'attaque, en mars 2018, au Novitchok contre l'ex-espion russe passé à l'Ouest, Sergueï Skripal. Cette vaste chasse aux tueurs du GRU, à laquelle la Direction générale de la sécurité intérieure a fortement contribué, a montré que ces quinze officiers ont transité et résidé en France pendant cette période. Certains sont venus à de nombreuses reprises, d'autres une ou deux fois. Ils sont arrivés de Londres, de Moscou, d'Espagne ou de Suisse. La France a pu leur servir d'étape dite «de sécurité» avant que ces agents, rompus aux techniques de clandestinité, n'atteignent leur destination finale.

Produit toxique très dangereux

Ces quinze hommes ont très régulièrement séjourné dans la même zone, en Haute-Savoie, dans des villes comme Annemasse, Évian ou Chamonix, et dans des bourgs plus isolés. Avant cela, ils ont souvent atterri à Roissy ou à Lyon, une fois à Nice avant de passer la nuit dans un hôtel à Cannes, et de nombreuses fois à Genève. Ils ont alors loué des voitures pour se rendre en Haute-Savoie. Si de nombreuses questions subsistent, cette région frontalière avec la Suisse aurait, selon le contre-espionnage français, servi de base arrière et logistique à ce service du GRU pour des actions menées dans toute l'Europe.

Aucune trace d'opérations de cette unité du GRU n'a été à ce jour détectée en France. La fonction de « camp de base » de ce département pourrait expliquer le choix des services russes de ne pas attirer l'attention des autorités locales en opérant sur le sol français. Ces quinze agents sont rattachés à l'unité 29155 du 161e centre de formation spéciale du GRU. Cette institution formait, à l'époque de la guerre froide, les cadres des guérillas communistes en Asie, en Afrique ou en Amérique centrale. Reconvertie, depuis la chute du mur de Berlin, en service d'action clandestine, cette unité se livre désormais à l'assassinat, au sabotage ou à des tâches plus obscures comme la relève des « boîtes aux lettres mortes », moyen de communication des agents secrets dans le monde. Leur *modus operandi*, assez atypique dans le monde de l'espionnage, explique la mutualisation des efforts pour traquer ces hommes.

Car, si la tentative d'empoisonnement de M. Skripal de mars 2018 a avorté, elle a résonné, pour Londres et ses alliés, comme un acte de guerre chimique et une grave provocation. Le produit toxique très dangereux avait été jeté dans un parc après son utilisation, causant quelques semaines plus tard la mort d'une femme et l'hospitalisation de plusieurs personnes. C'est la première utilisation d'arme chimique en Europe depuis la Seconde Guerre mondiale. Une pratique dangereuse pour le grand public, qui illustre l'extrême agressivité de la Russie et transgresse les règles, pourtant très souples, de l'univers du secret.

Les services secrets anglais, français et suisses, et leurs partenaires, seraient parvenus à identifier ces quinze agents du GRU dès 2018, après avoir «remonté» tous leurs déplacements. Les noms de certains officiers figurant sur cette liste sont déjà sortis au fil d'enquêtes journalistiques. À l'automne 2018, le site d'investigation anglais Bellingcat et son partenaire russe The Insider avaient révélé ceux des deux auteurs de la tentative d'empoisonnement au Novitchok : Alexandre Michkine, *alias* Alexandre Petrov, et le colonel Anatoli Tchepiga, *alias* Rouslan Bachirov. Mi-février, Bellingcat livrait le nom d'un troisième homme, coordonnateur de l'opération de Salisbury, le major général Denis Sergeev, *alias* Sergueï Fedotov, diplômé de l'Académie diplomatique militaire de Russie.

Fedotov a également été repéré en Bulgarie. Il aurait dirigé, le 28 avril 2015, une tentative d'empoisonnement contre Emilian Gebrev, un fabricant d'armes perçu comme hostile aux intérêts du Kremlin dans la région. Ce dernier s'était effondré lors d'une réception, à Sofia. Son fils et un cadre de son entreprise avaient également été touchés. La cible et les victimes collatérales en ont réchappé. Le parquet bulgare confirmait, pour sa part, les soupçons visant «un agent du GRU», du nom de Fedotov, s'étant rendu à trois reprises en Bulgarie au moment des faits.

Fin novembre 2019, en poursuivant leur travail sur l'opération avortée en Bulgarie, Bellingcat, The Insider et le magazine allemand *Der Spiegel* ont découvert les alias de six autres membres de l'unité 29155 : Vladimir Popov, Nikolaï Koninikhin, Ivan Lebedev, Danil Stepanov, Sergueï Pavlov et Georgy Gorshkov, chargés de la sécurité et de la logistique. Ces organes de presse montraient aussi qu'ils avaient participé à d'autres missions, notamment en 2014 lors de l'annexion de la Crimée et d'une campagne de déstabilisation de la Moldavie. Vladimir Popov, lui, semble avoir codirigé, fin 2016, avec un autre agent de l'unité, Eduard Chichmakov, *alias* Eduard Chirokov, une opération contre le Monténégro alors que ce pays tentait de se rapprocher de l'OTAN.

Demande d'entraide judiciaire

Selon l'enquête du *Monde*, l'un de ces agents, Sergueï Pavlov, a également été repéré fin 2017 par les services de renseignement britannique, sur leur sol. Son passage serait lié à la tentative d'empoisonnement de Sergueï Skripal en 2018. Il compléterait le trio composé d'Alexandre Petrov, de Rouslan Bachirov et de Sergueï Fedotov. Dans l'affaire Skripal, la France a fait l'objet d'une demande d'entraide judiciaire de Londres pour retrouver deux familles françaises ayant occupé la chambre d'hôtel que venaient de quitter les deux auteurs de l'attaque au Novitchok. Les autorités voulaient s'assurer que leur santé n'avait pas été mise en danger par des restes de l'agent neurotoxique. Ce qui ne fut pas le cas.

Nos recherches, confirmées par des sources issues du renseignement, ont permis la mise au jour des noms de cinq autres membres de l'unité 29155, figurant sur la liste des quinze tueurs du GRU. Connus par leurs seuls *alias*, il s'agit d'Alexandre Koulaguine, d'Evgueni Larine, de Timour Nouzirov, de Naman Youssoupov et de Guennadi Chvets. À l'instar des autres membres de cette unité, ils ont transité et séjourné en France, et notamment en Haute-Savoie.

Fedotov, le coordonnateur des opérations de Salisbury en 2018 et de Sofia en 2015, est localisé à Paris le 12 novembre 2014. Il reste en France jusqu'au 1er décembre de la même année. En avril 2016, il fait l'aller-retour entre Londres et Lyon. Le 9 septembre 2017, Petrov et Bachirov, les deux empoisonneurs au Novitchok de Salisbury, arrivent à Paris en provenance de Moscou. Ils feront le chemin inverse une semaine plus tard. Entre-temps, ils sont descendus en Haute-Savoie. Les mêmes reviennent à Paris le 25 octobre 2017, et retournent en Haute-Savoie avant de reprendre l'avion le 4 novembre pour Moscou, depuis Genève. Ils feront des trajets similaires en décembre 2017 et janvier 2018.

Le contre-espionnage français, britannique et suisse n'a pas trouvé, à ce jour, en France, de caches de matériel, d'armes, ou pu confondre des complicités locales. Ils ont néanmoins identifié des lieux de restauration ou de résidence et même de shopping, pour des vêtements ou des objets plus précieux. Des commerçants, visités plusieurs fois par certains agents du GRU, ont fait l'objet de vérifications approfondies, mais aucune preuve de compromission n'a été trouvée. Fin 2019, l'hypothèse « la plus probable », retenue par un haut responsable du renseignement français, reste de considérer « la Haute-Savoie comme une base arrière pour l'ensemble des opérations clandestines de l'unité 29155 en Europe ». Facile d'accès, frontalière avec la Suisse, la Haute-Savoie est un lieu discret fréquenté par les Russes.

Lors de leur séjour en France, les membres de l'unité 29155 n'auraient eu aucun contact avec d'autres cellules du GRU, comme celle chargée du cyberespionnage militaire (unité 26165), dont les membres ont également transité en Suisse et en Haute-Savoie, à Annemasse et à Évian. Le contre-espionnage français avait mis en lumière l'implication de cette autre unité du GRU, fin 2016 et 2017, lors d'opérations de piratage informatique visant, en Suisse, l'Agence mondiale antidopage. De même, les agents tueurs du GRU se seraient abstenus de toute communication avec les espions russes agissant sous couverture diplomatique dans les consulats ou l'ambassade de Russie en France.

Le dernier passage en France de membres de l'unité 29155 figurant sur la liste des quinze tueurs du GRU date de septembre 2018, sept mois après l'affaire Skripal. Le contre-espionnage français ne les verra plus après. À la même époque, les noms de certains avaient, il est vrai, été publiés dans la presse. Et surtout, des mandats d'arrêt européens ont été délivrés en 2018 dans le cadre de l'affaire Skripal contre Alexandre Petrov, Rouslan Bachirov, Sergueï Fedotov et Sergueï Pavlov.

[La Russie a rejeté, le 18 décembre 2019, les éléments publiés par *Le Monde*. « Nous considérons cet article comme de la désinformation visant à entretenir le mythe de la menace russe dans l'esprit du grand public européen », a dénoncé la diplomatie russe dans un communiqué. « L'absence complète de preuves n'a pas constitué d'obstacle pour cette publication chargée de contenus ouvertement russophobes et remplie de fausses nouvelles propagandistes », a ajouté le ministère. La diplomatie russe a assuré que cette publication était sortie « en prévision » d'un sommet sur l'Ukraine organisé le 9 décembre à Paris, le premier depuis 2016. « L'article avait le but explicite de porter atteinte à la réputation de la Russie et de discréditer ainsi la direction prévue par le président français Emmanuel Macron d'une normalisation des relations avec Moscou », a indiqué le ministère russe. AFP]

Nids d'espions

Longtemps, Vienne a incarné le nid d'espions. Cette ville, avec ses cafés illuminés dans la profonde nuit de l'Europe centrale, a abrité, dans l'immédiat après-guerre et pendant la guerre froide, l'une des plus fortes concentrations d'espions au monde. Zone frontière entre l'Est et l'Ouest, siège d'institutions internationales, dont celle chargée de contrôler la prolifération nucléaire, et refuge financier du crime organisé, cette cité fonctionnait tel un théâtre d'ombres incarné en 1949 à l'écran par Orson Welles dans *Le Troisième Homme,* le film de Carol Reed.

En 2010, comme un vestige de ce passé sulfureux, les Viennois ont été flattés de voir les Russes et les Américains choisir leur aéroport pour le plus grand échange d'espions jamais réalisé entre l'Est et l'Ouest depuis 1986. Mais si quelque 2500 espions, travaillant pour 70 à 80 pays, seraient encore actifs à Vienne, en partie à cause d'une communauté diplomatique de 20000 personnes, familles comprises, et de diasporas grossies par les guerres, d'autres nids d'espions ont aujourd'hui supplanté la belle endormie viennoise.

L'espionnage est, en effet, un miroir de la diplomatie mondiale. Il reflète à sa manière l'équilibre du monde et offre aux États d'autres armes que celles en vigueur sur le terrain policé des relations internationales. Les nouvelles places fortes du renseignement mondial font ainsi écho au poids pris par les nouveaux ensembles politiques, économique et stratégique de la planète. L'affrontement Est-Ouest a vécu. Il a laissé la place à un monde multipolaire où la gouvernance mondiale montre des signes de faiblesses. Pour trouver des espions, il faut désormais parcourir la Corne de l'Afrique, l'Asie, l'Europe et le monde arabe.

25 juillet 2018

Djibouti, territoire sous influences

D'un coup, la tension est montée. Les services secrets américains savaient où et quand les armes étaient arrivées à Djibouti ; ils avaient vu le cargo chinois accoster dans l'un des ports de la ville, puis repéré les conteneurs suspects et même filmé, une nuit de 2015, les camions sur lesquels ils avaient été transbordés jusqu'à leur lieu de stockage. Mais, tant que cette cargaison resterait sur le territoire djiboutien, ils ne pouvaient rien faire. À ce stade, ce business n'avait rien d'illégal, et Djibouti n'aurait jamais accepté qu'une puissance étrangère intervienne sur son sol. Il restait donc à patienter, et à savoir quand ces armes chinoises et leurs munitions partiraient vers leur destination finale, le Yémen en guerre.

Et puis, un soir, tout s'est accéléré... Convoyées jusqu'à un quai discret d'un autre port de Djibouti, les armes ont été chargées de nuit sur un boutre, un de ces navires en bois, rustiques mais fiables, habitués à voguer sur l'océan Indien. Pour les membres de l'équipage, pareil voyage n'était pas sans risque, mais ils savaient que si les acheteurs, au Yémen, ne venaient pas à leur rencontre, ils pourraient rentrer à Djibouti sans encombre. Seul le détroit de Bab-el-Mandeb – la « porte des Lamentations » en Français – sépare les deux pays. Dans sa partie la plus étroite, celle où le trafic est le plus intense, il ne fait guère que 25 kilomètres de large.

Opérations clandestines

Parvenu dans les eaux internationales, le boutre tâche d'éviter les supertankers ou autres cargos qui empruntent le golfe d'Aden pour entrer dans la mer Rouge par le détroit. À bord, les marins sont loin d'imaginer que des nageurs de combat américains s'activent sous la coque en mouvement. Ils y collent des mines avant de retourner vers le sous-marin qui les attend plus loin. L'explosion ne laisse aucune chance aux occupants. Ils coulent tous avec leur cargaison. Les Américains ont tout de même le temps de prendre une photo qu'ils montreront aux Français, après l'opération. Le cliché en question atterrira bientôt sur le bureau du ministre français de la Défense, Jean-Yves Le Drian.

C'est ainsi : la France a beau conserver une influence particulière dans ce pays désertique de 800 000 habitants, le dernier de son ex-empire colonial à avoir acquis son indépendance, en 1977, elle n'est plus seule à considérer qu'il est au cœur d'enjeux stratégiques de premier ordre. Djibouti sert à la fois de base antiterroriste contre Al-Qaida et ses franchises au Yémen ou en Somalie, et de centre névralgique de la lutte contre la piraterie maritime, avec la présence d'une force navale internationale. Les Américains y ont débarqué fin 2001, après les attentats de New York et de Washington.

Depuis, les Japonais, les Italiens et enfin les Chinois, en 2017, y ont également construit leurs camps. Des militaires allemands et espagnols logent à l'année dans deux grands hôtels, où, le soir venu, on peut les voir barboter dans la piscine non loin de Chinoises qui font mine de les ignorer.

En arrivant dans ce pays écrasé par la chaleur, on pourrait pourtant croire qu'il a été oublié par Dieu. Le paysage porte l'empreinte d'un temps figé : le désert entoure des lacs salés, d'anciennes coulées volcaniques se jettent dans la mer. Djibouti ne dispose d'aucune ressource et, s'il assure aujourd'hui la fonction de port de l'Éthiopie, voisin privé d'accès à la mer, plus de 40 % de la population, selon le Fonds monétaire international, sont touchés par la pauvreté, et 39 % par le chômage. Difficile, dans ces conditions, d'imaginer que se joue ici un singulier théâtre d'ombres…

« La réalité, c'est que tous les espions de la région ont rappliqué à Djibouti, notamment ceux qui étaient à Addis-Abeba, en Éthiopie », lâche un officier supérieur français, un brin nostalgique d'une époque où ce territoire était la chasse gardée de Paris. Ainsi, depuis 2014, la France a apporté sa pierre à la lutte contre le trafic d'armes dans la région. D'où cette scène inédite, lors d'un Conseil européen, où François Hollande, à la fin de son mandat, interroge à haute voix, devant des témoins pétrifiés, l'un de ses conseillers pour connaître l'issue d'une action clandestine visant un boutre en route vers le Yémen. Les initiés feront mine n'avoir pas entendu cette question – bien peu discrète – sur une opération classée « secret défense ».

Face-à-face sino-américain

Dans ce type de mission, les méthodes des commandos français varient. Ils peuvent recourir aux mêmes techniques que les Américains, à coups d'explosifs sous la coque, ou prendre d'assaut les boutres, éliminer leurs occupants avant de couler le navire. Combien de fois, sur l'écran des forces navales basées à Djibouti, l'un des points rouges marquant un bateau circulant dans la zone s'est-il éteint subitement ? À Djibouti, ces opérations se préparent à partir du camp militaire qui donne sur la plage d'Arta. D'après l'état-major, les risques d'être découverts sont limités. Qu'est-ce qui différencie une séance d'entraînement d'une action réelle ? Pourtant, au tout début de 2017, lors d'exercices de l'armée américaine au même endroit, des personnes assises sur la plage furent aperçues. Elles appartenaient à l'ambassade de Russie et déclarèrent être venues pique-niquer…

Ces opérations clandestines n'ont jamais été évoquées publiquement ; les autorités françaises se refusent à tout commentaire sur ce sujet. La Chine, qui pourrait se sentir visée, ne s'est pas non plus manifestée, même en coulisses. Selon des sources concordantes, elle estimerait que ces attaques contre les boutres ne la concernent pas, puisqu'elle vend ces armes aux contrebandiers et non aux acheteurs au Yémen, finalement privés de leur marchandise.

Si les Chinois sont présents à Djibouti depuis un an, c'est pour une tout autre raison : ils entendent faire de ce pays stable, proche de la route maritime la plus empruntée au monde, un comptoir d'approvisionnement en matières premières et en produits manufacturés pour l'Afrique entière. L'inauguration de leur base militaire, à l'été 2017, a néanmoins bouleversé l'équilibre qui prévalait entre les « colocataires de Djibouti », comme aiment les appeler, avec le sourire, les autorités locales.

Cette ville est aujourd'hui le seul endroit où les États-Unis et la Chine se côtoient sur un même sol. Leurs bases sont situées à 9 kilomètres l'une de l'autre. L'une des voies d'approche pour l'aéroport passe près de celle des Chinois. Les appareils américains, japonais ou français en profitent pour l'observer à basse altitude. Cette curiosité a fini par provoquer un incident.

Fin avril, un avion militaire américain a été visé par un laser bleu qui a ébloui, un instant, les deux pilotes. Selon le Pentagone, un laser de «type militaire» aurait été pointé depuis l'enclave occupée par les Chinois. Pareil phénomène avait déjà été observé à deux reprises sur le fuselage d'avions US. Pékin dément. Les Français, prudents, n'ont rien dit, mais l'épisode illustre l'ambiance actuelle à Djibouti, un face-à-face sino-américain qui alterne entre provocations et intimidations, au risque de donner lieu, parfois, à des conflits de cour de récréation. Ainsi, au début de l'automne 2017, une voiture militaire chinoise se gare face à la nouvelle ambassade américaine, dans le quartier résidentiel d'Haramous. Ses occupants font mine de prendre des photos. Furieux, les membres des services de sécurité états-uniens sortent en courant du bâtiment.

La rivalité sino-américaine s'étend au domaine, tout aussi sensible, du transport maritime. Le 6 mars, le général Thomas Waldhauser, commandant des forces américaines pour l'Afrique, véritable proconsul, a haussé le ton pour empêcher les Chinois de reprendre la gestion du principal port à conteneurs de Djibouti après l'éviction de la société émiratie DP World par l'État djiboutien. «Les conséquences pourraient être significatives pour l'armée américaine», a lancé le général à la Chambre des représentants. Les troupes américaines dans la région et les ambassades à Djibouti ou à Addis-Abeba dépendent de ce port. Déjà opérateurs, depuis mai 2017, du port voisin, le Doraleh Multipurpose Port, les Chinois auraient eu la main sur tout leur approvisionnement. Un cauchemar pour les Américains. L'hypothèse a finalement été écartée.

Contenir les frictions

Le Japon partage cette méfiance quasi obsessionnelle vis-à-vis des Chinois. « Les Japonais ont été les plus pressants et les plus directs pour qu'on ne leur ouvre pas le pays », confie Ilyas Moussa Dawaleh, ministre de l'Économie et des Finances, pour qui l'essentiel est que Djibouti « ne mette pas tous ses œufs dans le même panier ». De forts soupçons existent, depuis, sur le double usage des avions japonais de surveillance maritime. Serviraient-ils aussi à espionner les installations chinoises ? Ces doutes expliquent peut-être la découverte, à l'automne 2017, par les services japonais, de Chinois cachés derrière des buissons près de leur camp. « Les autorités nippones n'ont pas une vision très fine de ce qui se passe ici, et elles manquent de relais, constate un diplomate occidental. Elles pensaient que Djibouti, c'était l'Occident, et elles sont hermétiques à la structuration tribale et clanique de la société djiboutienne, pourtant essentielle pour comprendre ce pays. »

Soucieuses de contenir ces frictions, les autorités locales ont fait acte de fermeté. Après l'épisode des lasers, elles ont forcé la main aux ambassadeurs de Chine et des États-Unis pour qu'ils viennent, le 11 mai, à une réception mettant en scène leur entente. « Djibouti ne peut pas être une terre de confrontation ; s'il y a un problème, cela doit passer par moi, avertit le ministre des Affaires étrangères, Mahamoud Ali Youssouf. La ligne rouge, c'est notre souveraineté ; si elle n'est pas respectée, les termes des accords bilatéraux peuvent être remis en cause. » Un sentiment partagé par son collègue des Finances : « Il est important que nos invités soient sages et polis ; [...] il faudra élever, à l'avenir, le niveau de connaissance sur leurs activités sur notre sol, et la France peut être pour nous un allié entre les deux gros éléphants américain et chinois. »

27 juillet 2018

Bruxelles, bureau des légendes

La trahison est un concept relatif. Quand on a pu, grâce à elle, troquer une vie ordinaire pour un destin hors du commun, on a vite fait de s'en faire une amie. Dans sa confortable résidence de retraités, dans le sud de la France, Pol Grégoire, ex-consul belge âgé de 87 ans, ne semble pas troublé par les remords. Il n'a d'ailleurs pas daigné venir, le 26 avril, à son procès devant la 59e chambre du tribunal de première instance francophone de Bruxelles. La justice lui reprochait d'avoir travaillé pour l'un des réseaux d'espions russes les plus secrets, les « illégaux ». Comme dans la série *The Americans*, ces agents spéciaux appartiennent à une élite formée à se fondre dans des sociétés étrangères après avoir acquis leur nationalité, ce qui rend bien souvent indétectables les opérations de recrutement et d'infiltration.

C'est à ces champions russes du camouflage que Pol Grégoire fournissait des papiers, notamment treize passeports belges, un passeport uruguayen, des certificats d'immatriculation pour véhicules et des cartes d'identité. Pris en flagrant délit, en 2012, par la Sûreté de l'État, les services de renseignement belges, alors qu'il conversait avec son agent traitant, il n'a pas cherché à nier. « J'ai agi par conviction politique », a-t-il expliqué.

Pol Grégoire aurait basculé en 1987, du temps de l'Union soviétique. Pour lui, la perestroïka de Mikhaïl Gorbatchev méritait autant son soutien que des régimes politiques occidentaux. Il n'a rien dit, en revanche, d'un élément sans doute décisif de sa «trahison» : la relation sentimentale nouée, à Casablanca au Maroc, avec l'agent soviétique qui l'avait recruté et avec lequel il est toujours resté en contact. Pol Grégoire est fidèle à ses élans et n'a cure des jugements.

Au soir de sa vie, la justice belge l'a condamné à un an de prison avec sursis et à 6271 euros d'amende. Mais elle s'est montrée fort peu diserte sur les conséquences de sa longue collaboration avec les Russes (1987-2012). Le jugement se borne à préciser qu'il a aidé «le renseignement russe à s'immiscer dans un environnement cible» en fournissant des documents officiels. À aucun moment la dimension réelle de cette affaire n'est précisée. D'après les services secrets belges, Pol Grégoire n'est pourtant pas la seule personne impliquée. Au moins deux autres consuls belges auraient travaillé ainsi, pendant plus de vingt ans, pour Moscou. «En termes de dégâts, c'est incommensurable», indique au *Monde* Guy Rapaille, président du Comité de contrôle des services de renseignement et de sécurité, dit «comité R», rattaché au Parlement. Conscient de l'image que cette affaire donne du fonctionnement de l'État et de son manque de vigilance, il lâche, en euphémisant : «Disons qu'après la chute du Mur il y a eu un manque d'intérêt sur la menace russe.»

Alain Winants, ancien chef de la Sûreté de l'État (2006-2014), est partagé entre la fierté d'avoir sorti l'affaire et le dépit face au préjudice subi. Désormais avocat général à la Cour de cassation, il travaille dans le grand tribunal où a été jugé Pol Grégoire. D'après lui, «cette histoire a montré à quel point la Belgique et Bruxelles sont considérées comme la principale porte d'entrée en Europe pour les services étrangers; les plus agressifs cherchent à connaître la vision européenne sur les politiques énergétiques et les intentions du pays qui préside l'Union».

Les «illégaux» du SVR (service des renseignements extérieurs, une ancienne section du KGB) n'ont pas visé par hasard ce pays où siègent à la fois l'OTAN et l'Union européenne : la Belgique, c'est un peu le trou noir de l'Europe en termes de protection. Les autorités locales rechignent à s'exprimer sur le sujet, elles qui restent marquées par la découverte, en février 2003, de micros dans les bureaux des délégations du Conseil de l'UE. À l'époque, l'émoi avait été tel que le déménagement de la Commission avait été envisagé.

Pour l'ambassadeur français Pierre Sellal, grand connaisseur de la vie bruxelloise après, notamment, deux mandats de représentant permanent de la France, cette vulnérabilité de l'Union est liée à «la grande fragilité d'un système politique qui a exclu la sécurité de ses compétences et reste sous la coupe des États». Si l'OTAN, par la nature de sa mission stratégique, veille sur ses activités, l'Europe s'est construite sur la disparition des frontières, une logique renforcée par l'élargissement des années 2000. «De même, ajoute Pierre Sellal, le jeu institutionnel d'une Europe qui avance en ordre dispersé affaiblit sa gouvernance, et la culture de la transparence importée par les Nordiques qui garantit un accès public à l'élaboration de la décision a maintenu des brèches ouvertes.»

Actes de naissance fictifs

Le simple quidam peut sentir l'ambiance «portes ouvertes» de Bruxelles, une ville plus accueillante que Paris et moins surveillée que Londres. Plus de 30 % d'étrangers vivent dans cette cité aux allures de Babel francophone dans un pays flamand. La capitale belge compte la plus forte concentration de diplomates et de fonctionnaires internationaux au monde, plus d'une centaine de pays sont présents, car les enjeux, ici, sont aussi politiques et militaires qu'économiques. Pour les services de renseignement, c'est une zone de « pêche » toute désignée.

Cette spécificité a facilité la tâche de Valeri Alexandrovitch, l'agent du SVR chargé d'orchestrer le réseau des consuls. Sans eux, il n'aurait jamais débusqué les failles du code de la nationalité belge. Dans ce pays, la loi a longtemps permis à une personne née à l'étranger de prétendre à cette nationalité si l'un de ses parents était belge. Les Russes se sont donc débrouillés pour trouver des noms de personnes décédées, souvent en Amérique du Sud et de préférence jeunes. Ils fabriquaient ensuite des actes de naissance fictifs mentionnant un parent belge. Avec un peu d'argent, les administrations locales fermaient les yeux, et la pièce était ensuite transmise aux fameux consuls qui supervisaient la délivrance de documents officiels. Autant dire que ces derniers ont joué un rôle déterminant, pendant plus de vingt ans, dans l'aide aux « illégaux » russes. Ces « légendes » – le terme d'usage dans le jargon des services pour qualifier les « couvertures » – leur ont permis de se fondre durablement dans la masse. Les agents russes « ordinaires » sont plus vulnérables, eux qui occupent en général des fonctions officielles (diplomates, attachés militaires ou chauffeurs...) et doivent limiter la durée de leur séjour dans le pays.

Les services belges ont un doute sur le moment où Valeri Alexandrovitch a lancé le recrutement de Pol Grégoire. La justice, elle, retient qu'il a commencé à travailler pour eux lorsqu'il était consul à Casablanca en

1987. À cinq ans de la retraite, il savait qu'il ne progresserait plus. Son travail était rébarbatif et peu gratifiant. Son âge, 57 ans, et son profil psychologique, un peu transgressif, faisaient de lui une recrue potentielle. L'approche avait été confiée à un agent au physique avantageux et au parcours atypique, Oleg Bovine, qui affirmait avoir été un athlète de haut niveau avant de devenir vice-consul soviétique, également dans cette ville marocaine.

Par souci de discrétion, c'est un autre agent russe, Viktor Ekine, qui est venu prendre livraison en 1992 auprès de Pol Grégoire, payé à l'époque 150 000 francs belges (un peu plus de 3 700 euros), d'un passeport au nom d'une certaine Irène Rousseau Barros, prétendument née en Équateur et de père belge. À cette époque, le réseau des consuls fonctionne déjà à plein régime. Au même moment, le vice-consul belge à Rome, recruté par Valeri Alexandrovitch avec l'aide de Pol Grégoire, délivre un autre passeport à Maurice Engels Gorman, né en Uruguay, de père belge et de mère anglaise. Irène Rousseau Barros et Maurice Engels Gorman – en réalité deux « illégaux » russes – s'installent ensuite à Bruxelles, où ils vivent séparément avant de se marier, le 8 septembre 2000. Pendant toutes ces années, le couple s'active, nouant des contacts auprès de fonctionnaires de l'UE et de l'OTAN. Ils servent de relais logistique pour des agents clandestins soucieux d'éviter les contacts avec les résidents officiels des services russes. Par prudence, ils partent ensuite en Italie, afin de brouiller les pistes tout en poursuivant leur travail à Bruxelles. Avant de s'évanouir dans la nature, ils laisseront une lettre assurant qu'ils sont partis au Brésil.

Mise au jour du réseau

Le départ à la retraite de Pol Grégoire, fin 1992, n'a pas mis fin à sa carrière de taupe russe. En 1993, il retourne au consulat de Casablanca à la demande de son officier traitant, pour s'introduire clandestinement dans les bureaux afin de changer une photo dans un dossier administratif. À partir de 1996, il est «traité» par Anatoli Romanstov, vice-consul de Russie à Anvers, en Belgique. Il fournira même des listes confidentielles de personnes interdites de visa dans ce pays. Tout indique qu'il a conservé des contacts opérationnels avec les services russes jusqu'en 2005. Quand l'affaire éclate, sept ans plus tard, notamment grâce à la possibilité accordée en 2010 à la Sûreté de l'État de pratiquer des écoutes téléphoniques, il apparaît que Valeri Alexandrovitch a joué un rôle central dans le recrutement, au début des années 1990, d'un troisième consul belge, approché lors de son passage au Japon. Le parquet fédéral à Bruxelles confirme que cet homme «a ensuite été en contact avec des agents russes dans ses différents postes, en Afrique, aux États-Unis, en Europe et en Asie du Sud».

La mise au jour du réseau en 2012 n'a pas mis un terme immédiat à ces pratiques (le dernier passeport frauduleux utilisé à une frontière a été enregistré en 2014), mais elle a suscité une vive émotion dans les cercles du pouvoir à Bruxelles. Des représentants de l'OTAN, du ministère des Affaires étrangères et de la Sûreté de l'État se sont réunis pour évaluer les conséquences. Ils ont alors décidé de convoquer leurs interlocuteurs russes respectifs. Le chef de la délégation russe à l'OTAN, l'ambassadeur russe à Bruxelles et le chef de poste régional du SVR, basé à Paris, se sont faits sermonner. Tirant les leçons de cette affaire, Guy Rapaille, tout nouveau président du comité R, notait, laconique, dans son rapport annuel de 2012 : « La Belgique semble exercer un grand pouvoir d'attraction sur les services de renseignement d'autres pays. » La loi organique du 30 novembre 1998 sur les agences d'espionnage et de sécurité a été enrichie d'un article, entré en vigueur le 5 mars 2016, consacré « au contrôle des activités des services de renseignement étrangers en Belgique ».

28 juillet 2018

Les Émirats sous haute surveillance

Les nombreuses caméras de surveillance du grand centre d'exposition d'Abou Dhabi ont un usage caché. Sur l'un des côtés du complexe qui borde le quartier diplomatique, elles servent aussi à observer les allées et venues au sein de l'ambassade d'Iran. Selon le diplomate occidental qui, l'espace d'un instant, nous sert de guide, ni les quatre voies de la rue Al-Karamah séparant les deux bâtiments ni la végétation de la chancellerie iranienne ne sont une gêne pour identifier les personnes et les voitures qui en sortent. « L'obsession géopolitique du cheikh Mohammed Ben Zayed, le prince héritier des Émirats et commandant en chef adjoint des forces armées, c'est l'Iran et un peu moins le Qatar, indique-t-il. D'où la construction d'un système sécuritaire très complet où l'espionnage joue un rôle important. »

L'Iran est un sujet brûlant à Abou Dhabi. Et pas seulement parce que ses hommes d'affaires et ses vacanciers s'y pressent… Le 26 décembre, la justice locale a condamné un militaire émirati, âgé de 28 ans, à quinze ans de prison, pour espionnage au profit de ce pays. Sa faute : avoir transmis des informations sur les installations militaires émiraties à des agents iraniens affectés à l'ambassade. Le même jour, la cour d'appel a infligé des peines de dix et trois ans de prison à deux autres hommes, un Émirati de 35 ans et un ressortissant de Bahreïn de 45 ans, également pour collusion avec l'Iran. Il leur était reproché d'avoir diffusé sur les réseaux sociaux des informations jugées « insultantes » pour les dirigeants émiratis et qualifiées de « mensonges », le tout au service des intérêts de Téhéran.

À lire les arrêts de la cour d'appel, on pourrait croire qu'il ne fait pas bon être espion aux Émirats arabes unis. Les autorités locales n'ont jamais digéré l'élimination d'un cadre du Hamas (mouvement islamiste palestinien) par un commando du Mossad (les services secrets israéliens) en 2010, dans un hôtel de Dubaï. À l'époque, elles avaient réussi à identifier vingt-six agents israéliens impliqués dans l'opération, mais sans pouvoir les arrêter. Le chef de la police de Dubaï, le général Dhahi Khalfan Tamim, avait alors exigé « que tous les espions étrangers quittent la ville, voire la région, pendant une semaine ».

« Cette affaire était une aubaine pour les Émirats, assure un officier affecté à la base militaire française d'Abou Dhabi. Elle leur a permis de dire que quiconque s'amuserait à faire la même chose ne passerait pas inaperçu. » Une opinion partagée au sein des chancelleries occidentales présentes ici. Les Émiratis, soucieux de préserver la souveraineté nationale, le tourisme et les affaires, veulent que leur pays demeure l'endroit le plus sûr au monde. « Une sécurité quasi absolue », insiste fièrement le service de communication du ministère de l'Intérieur, qui se refuse à davantage de commentaires sur le sujet. Pas question, donc, de tuer de nouveau sur son territoire.

En revanche, pour ce qui est des affaires « classiques » d'espionnage, Dubaï demeure l'un des points de rencontre les plus actifs au monde. Hub de transport international, centre de congrès haut de gamme, place touristique attractive, point d'ancrage du monde musulman, africain et sud-asiatique, notamment indien et afghan, place financière et de blanchiment ayant supplanté Beyrouth, c'est une « zone de pêche » idéale pour le renseignement. « Ici, on peut se fondre comme nulle part ailleurs et traiter de sujets qui dépassent les seules affaires du pays », témoigne un ex-agent secret français de la DGSE. Lui-même se souvient de rendez-vous dans des hôtels de l'aéroport de Dubaï, avec des sources venant de toute la région. « On n'a pas à sortir les passeports et on prend des chambres avec portes communicantes. » En 2017, 100 millions de passagers ont transité par cet aéroport, 16 millions y ont passé au moins une nuit.

Longues négociations

Il est un domaine d'espionnage spécifique à Abou Dhabi et à Dubaï, pour lequel les grandes puissances déploient beaucoup de moyens : les contrats d'armement, spatiaux et aéronautiques. Sur ce terrain, les États-Unis mènent la danse, et de loin. La France, elle, joue parfois les trouble-fête. C'est arrivé, ces dernières années, dans le feuilleton de la vente aux Émirats de deux petits satellites d'observation.

Tout commence en 2008, quand les autorités émiraties font connaître leur intention d'acquérir de tels satellites pour sécuriser leur territoire. De longues négociations vont les conduire à privilégier l'offre française, dotée d'une résolution de 50 centimètres, aux dépens du projet américain de Raytheon. En décembre 2012, cette préférence pour le dossier français est même affichée ouvertement du côté des Émirats. Mais c'est compter sans le poids des États-Unis dans la région. Ceux-ci parviennent en effet à relancer les discussions en avançant une nouvelle offre défendue, cette fois-ci, par Lockheed Martin, avec un satellite disposant d'une résolution de 34 centimètres. Paris, qui croyait l'affaire conclue, doit déchanter. Abou Dhabi en profite pour faire jouer la concurrence en obtenant de chacun des deux fournisseurs potentiels – la France et les États-Unis – qu'ils investissent dans un partenariat stratégique plus contraignant pour eux.

Six mois plus tard, les constructeurs français Astrium et Thales Alenia Space (TAS) finissent par l'emporter. Le 22 juillet 2013, Paris et Abou Dhabi signent la vente, pour plus de 700 millions d'euros, de deux satellites d'observation de type Pléiades. Forte d'un lien à la fois intéressé et sincère entre Jean-Yves Le Drian, alors ministre de la Défense, et le cheikh Mohammed Ben Zayed, surnommé « MBZ », la France marque ainsi son retour aux Émirats en matière de contrat d'armement après plus de six ans d'absence.

La bataille commerciale est-elle finie pour autant ? Un ancien cadre d'EADS, partie prenante de l'affaire, se souvient de la crainte des Français, à l'époque, de voir les Américains utiliser d'autres armes pour casser *a posteriori* le contrat. Au nom du respect de leurs propres normes d'exportation en matière d'armement, dites « ITAR » (International Traffic in Arms Regulations), les États-Unis ont en effet la possibilité de bloquer un contrat dans le monde entier si le matériel vendu comprend au moins un composant américain. « Encore fallait-il savoir, ajoute l'ex-cadre d'EADS, si nos satellites comprenaient des composants américains. Nous-mêmes sommes incapables de dire, au débotté, d'où proviennent tous les éléments ! »

En pareil cas, les Américains n'hésitent pas à recourir aux manœuvres, techniques et humaines, de renseignement. « Vous n'imaginez pas les moyens dont disposent les services anglo-saxons ou émiratis », nous glisse l'ex d'EADS pour justifier la dissimulation des smartphones, le temps de la discussion, au bar d'un hôtel d'Abou Dhabi. À l'entendre, le renseignement américain s'appuie surtout sur ses « informateurs » au sein des entourages des princes émiratis et des cabinets de conseil anglo-saxons chargés de les assister. Si la Grande-Bretagne pèse encore à Dubaï au regard de son statut d'ex-puissance coloniale, les États-Unis feraient la loi à Abou Dhabi. Dans le fameux dossier des satellites, ces réseaux d'influence leur ont permis de jouer à la fois la montre et l'obstruction juridique.

Intox américaine

Un ancien poids lourd du ministère français de la Défense raconte la suite : « Ils nous ont trouvé des composants américains – moins de 10 % ! – et ont lancé une campagne de presse aux Émirats pour dire qu'il s'agissait, en plus, de matériel espion alors que c'était faux. » Résultat : en janvier 2014, le contrat d'achat des deux satellites français est invalidé, faute d'avoir été mis en œuvre dans les délais. À chaque étape, la partie américaine semblait tout connaître des arguments français. « On sentait bien, ajoute l'ex-cadre du ministère de la Défense, qu'ils disposaient d'informations qu'ils n'auraient pas dû avoir. Dans le fond, peu nous importait qu'ils sachent tout de notre résolution à 50 centimètres. Il faut être réaliste : la France est une puissance moyenne qui ne peut s'imposer que parce que l'acheteur ne veut pas mettre tous ses œufs dans le même panier. »

Malgré l'invalidation du contrat, Paris résiste et s'active. La direction technique de la DGSE se charge de savoir ce que racontent les Américains. Le Quai d'Orsay, de son côté, agit auprès de ses partenaires aux Émirats et dans la région. Sur leur base, à Abou Dhabi, les militaires français (800 personnes sans compter les familles) mobilisent leur direction du renseignement (DRM). La partie française apprend ainsi que les Américains, CIA en tête, sont allés jusqu'à avertir le gouvernement israélien que les Émirats allaient pouvoir espionner son pays grâce aux satellites français. Une intox, d'après les Français, qui assurent avoir prévu un système technique protégeant le territoire israélien lors des passages des satellites.

La résistance française et la volonté de « MBZ » de conclure l'affaire avec Paris ont finalement raison du concurrent américain. Au mois de juillet 2014, Airbus Defence and Space et TAS signent, à Londres, un nouveau contrat avec les Émirats. Un succès que ne connaîtront pas les discussions pour le Rafale ou la modernisation de la flotte de Mirage 2000-9. Relancées par Jean-Yves Le Drian, à son arrivée au ministère de la Défense, en 2012, et toujours en cours alors qu'il est aujourd'hui aux Affaires étrangères, ces discussions font l'objet d'un « marquage serré des Américains », selon l'expression d'un ancien conseiller au ministère de la Défense. « Chaque fois que la France fait un pas, une huile américaine arrive à Abou Dhabi, une fois le vice-président, une autre fois une délégation de sénateurs… » La preuve, une fois encore, que la règle du jeu avec les États-Unis ne changera pas de sitôt.

30 juillet 2018

Bangkok, la plaque tournante des services

À le voir attablé dans le café d'un grand centre commercial de Bangkok, on pourrait le prendre pour un touriste européen. Brun, le visage fin, un physique passe-partout, difficile de deviner que cet homme d'une trentaine d'années est un policier australien qui travaille en Thaïlande au sein d'une unité de contre-terrorisme. À l'origine, il avait proposé comme lieu de rencontre une échoppe du quartier, dans la moiteur tropicale, mais les premiers orages de la mousson en ont décidé autrement, et nous voilà donc dans ce mall trop climatisé.

Sa maîtrise du thaï et la retenue dans son expression pourraient tout aussi bien faire de lui un membre des services secrets extérieurs de son pays (Australian Secret Intelligence Service, ASIS), mais il évacue l'hypothèse d'un démenti poli. Tout en reconnaissant, au passage, que l'Australie joue un rôle important en Thaïlande, où le pays est perçu comme la puissance occidentale régionale. De fait, ses agents y sont nombreux. Fins connaisseurs du terrain, ils considèrent qu'ils doivent veiller sur la région. «Nous ne sommes pas les seuls à travailler à Bangkok, souligne le policier. Comparée à Singapour, Hong Kong, Shanghaï ou Pékin, la ville offre une liberté rare, à tel point que les services de renseignement du monde entier, mais aussi les organisations criminelles et les réseaux terroristes s'accordent sur une chose : il ne faut surtout pas troubler la tranquillité du lieu.»

En montrant derrière lui le petit autel bouddhique devant lequel les passants s'inclinent les mains jointes, il invite à ne pas se fier à l'apparente quiétude de Bangkok. À l'entendre, les gens qu'il surveille, proches de la Jemaah Islamiyah (JI), une mouvance islamiste affiliée à Al-Qaida et implantée dans toute l'Asie du Sud-Est, se gardent bien de se faire remarquer. «Ils sont discrets et se fondent dans le flot de touristes, assure-t-il. Leur but, en venant ici, est de se mettre au vert et de se réorganiser, c'est une base de repli.» Comme tous ses compatriotes, ce policier garde en mémoire les attentats de 2002 à Bali, revendiqués par la JI, qui avaient fait 202 morts, dont 88 Australiens et 4 Français.

La Thaïlande «base de repli»? De fait, qu'il s'agisse de la JI, d'Al-Qaida, des Tigres tamouls du Sri Lanka, du Lashkar-e-Toiba (LeT) pakistanais ou du Hezbollah, mouvement chiite libanais soutenu par l'Iran, diverses organisations ont utilisé, à un moment ou à un autre, ce pays comme refuge, lieu de transit ou de financement. *Idem* pour l'État islamique (EI). En 2014, le terroriste français Mehdi Nemmouche, futur auteur de la tuerie du Musée juif de Bruxelles, avait choisi Bangkok pour rentrer en Europe, *via* Francfort (Allemagne), après avoir servi dans les rangs de l'EI en Syrie. Aujourd'hui, alors que cette organisation est défaite dans la zone irako-syrienne et confrontée, en Occident, au resserrement des filets antiterroristes, la Thaïlande reste pour elle un pays où se relancer. «On sait que des pièces d'art islamique, dérobées en Syrie et en Irak par l'EI, sont vendues sur les marchés clandestins de Bangkok pour du refinancement», assure un diplomate occidental en poste dans cette ville.

Ne pas nuire au tourisme

Dans cette Asie où l'on a toujours tenu en horreur les situations embarrassantes, les autorités thaïlandaises n'aiment guère évoquer la question. Elles ne veulent pas perdre la face et nuire au tourisme (35 millions de visiteurs, dont 13 millions de Chinois en 2017). Pas question, non plus, de pénaliser le commerce qui prospère le temps de congrès internationaux, ni de mettre à mal la coexistence, très pacifique, des communautés regroupées par quartiers, des Japonais aux Libanais en passant par les Portugais.

Avec son aéroport et ses hôtels, la capitale thaïlandaise est devenue un tel carrefour international qu'elle séduit les visiteurs soucieux de discrétion. Une spécificité qui en fait un « nid d'espions » méconnu, voire « une gigantesque piscine dans laquelle se croisent toutes sortes de poissons », pour reprendre l'expression d'Anthony Davis, analyste pour la revue spécialisée *Jane's Defence Weekly*. Voilà près de trente ans que ce Britannique parcourt la région, de la frontière sino-birmane à la province indonésienne d'Aceh, à la pointe nord de Sumatra. Un étonnant personnage, râblé et roué, qui se déplace à moto et dont le profil de baroudeur un rien mystérieux vient rappeler combien le journalisme peut parfois flirter avec le renseignement.

D'après lui, la liberté accordée par la Thaïlande à toutes sortes de visiteurs n'inquiète pas seulement les Australiens. Les Israéliens s'en préoccupent également. Depuis 2012, Tel-Aviv a d'ailleurs multiplié par trois le nombre de ses diplomates présents dans ce pays. Quant au Mossad, ses services secrets, il y est très actif, quitte à déléguer certaines activités à des sociétés privées. Aux yeux des Israéliens, Bangkok requiert d'autant plus de vigilance que les services de sécurité locaux ne se sentent pas vraiment concernés par le terrorisme international. C'est d'ailleurs le Mossad, avec l'aide des Américains, qui émet souvent les alertes sur les risques d'attentat. Ainsi, en 2012, Bangkok a été un terrain d'affrontement délocalisé entre l'Iran et Israël. Trois Iraniens avaient alors été arrêtés pour un projet d'attentat à Bangkok.

Le policier australien que nous avons rencontré souligne «l'obsession» du Mossad pour le Hezbollah et ses éventuels relais en Thaïlande. Les agents israéliens ne lâchent pas les Libanais installés dans ce pays, surveillant leurs restaurants, leurs bars, leurs arrière-salles et leurs sociétés d'import-export. Mais les Israéliens ne se limitent pas au Hezbollah : fin janvier 2016, à Phuket, ils ont obtenu l'annulation du spectacle du polémiste français Dieudonné. Le producteur du festival, «Momo Illuzion», lui a offert à la place une petite croisière au large de la ville.

Même s'ils n'ont pas vu passer Mehdi Nemmouche en mars 2014, les services secrets français sont eux aussi mobilisés contre les filières djihadistes en Thaïlande. À Bangkok, la Direction générale de la sécurité extérieure dispose d'un poste élargi chargé de travailler, comme la CIA, sur toute l'Asie du Sud-Est. Elle garde également un œil sur les passages dans les villes touristiques de Phuket et de Pattaya, grâce à d'honorables correspondants employés sur place dans le domaine du tourisme.

Faux papiers

Selon la DGSI, «une dizaine de Français jugés proches de la mouvance islamiste radicale» ont été identifiés, au total, en Thaïlande. L'attrait de Bangkok, pour les terroristes comme pour d'autres réseaux, y compris les espions eux-mêmes, trouve en partie son explication dans son statut de centre mondial de la fabrication de faux papiers. Ainsi, la tête pensante des attentats de 2002 à Bali, un homme surnommé « Hambali », disposait d'un passeport espagnol acheté à Bangkok. L'arrestation en 2016 du parrain du business des faux documents d'identité, Hamid Reza Jafary, *alias* « le docteur », n'y a rien changé.

Aujourd'hui encore, une multitude de clients viennent chercher ici ces précieux sésames : des truands, les membres des réseaux de prolifération d'armes chimiques ou nucléaires, sans oublier les « illégaux » des services de renseignement, ces agents ayant changé de nationalité. D'après un diplomate européen, « de 9 000 à 10 000 passeports sont passés entre les mains des faussaires thaïlandais » au cours de la seule année 2017.

Confortablement installé dans un salon du grand hôtel Le Mandarin Oriental, où séjournèrent autrefois des écrivains célèbres, face au fleuve Chao Phraya, le même diplomate, authentique passionné du continent asiatique, prend un air songeur avant de livrer sa théorie sur l'affluence d'espions dans la ville. « Les Thaïlandais préfèrent se tenir à distance des Farang [les "Blancs", en thaï] et sont avares en coopération, donc ils laissent faire les services étrangers, tant qu'ils ne se mêlent pas de politique intérieure. » Il faut dire que la collaboration est aléatoire. Ainsi, un service étranger, qui avait récemment confié à la « Special Branch » thaïlandaise la filature de deux suspects partis en autocar vers une ville de province, l'a appris à ses dépens : le duo a disparu dans la nature ! À la décharge des Thaïlandais, ils disposent de ressources humaines, techniques et linguistiques limitées et concentrent leurs efforts sur les Iraniens et les Nord-Coréens.

Les Américains, dont l'ambassade à Bangkok est la plus importante dans le monde après celles de Kaboul (Afghanistan) et de Bagdad (Irak), n'ont pu vraiment compter sur leur aide qu'à partir des attentats du 11 septembre 2001 – la CIA a alors ouvert dans le pays l'une de ses prisons secrètes. Mais la coopération des Thaïlandais ne reste garantie que si les Américains fournissent, en contrepartie, une assistance logistique, comme ce fut par exemple le cas en 2003 pour débusquer Hambali, l'homme des attentats de Bali.

Interrogé par *Le Monde*, l'ambassadeur américain Glyn T. Davies avance une explication à cette réticence : « La Thaïlande n'a pas le sentiment d'être sur une ligne de front terroriste ni d'être une cible. Ils veulent rester un pays ouvert, fier de n'avoir jamais été colonisé, et qui a pour principe de ne s'aligner sur aucune puissance extérieure, pas plus la Chine que les États-Unis ou la Russie. »

Après l'attentat du 17 août 2015, au cœur de Bangkok, contre le sanctuaire hindouiste d'Erawan (vingt morts), la Thaïlande a même laissé les services secrets chinois mener leurs propres investigations, puisque des ressortissants chinois figuraient parmi les victimes. Selon les services occidentaux, cette opération avait pour toile de fond un contentieux entre la Turquie et la Chine sur le sort des Ouïgours, peuple turcophone et musulman persécuté par Pékin. Les deux suspects de l'attentat auraient agi en lien avec un groupe armé turc ultranationaliste proche des services secrets d'Ankara. À l'époque, la Thaïlande n'a pas exprimé de remontrances à la Turquie. La preuve, une fois de plus, que le pays n'entend pas changer de modèle ni fermer ses frontières.

Permis de tuer

L'un des signes du travail de sape opéré par le terrorisme sur les démocraties restera, sans doute, le fait que deux dirigeants perçus comme les plus attachés aux libertés, Barack Obama et François Hollande, sont aussi ceux qui ont eu le plus recours à la pratique de l'élimination ciblée dans les années 2010. Jamais des dirigeants, dans l'histoire récente de leur pays respectif, ne s'étaient arrogé un tel droit de tuer, sauf peut-être lors de la guerre d'Algérie pour la France.

Avec des moyens différents, ils ont tous deux inscrit leur action dans la suite des attaques du 11 septembre 2001 aux États-Unis pour le premier, et des attentats de 2015 à Paris pour le second. Ils ont justifié leurs décisions par une « légitime défense » aux allures de simple vengeance prenant le pas sur l'application stricte du droit international. Les opinions publiques n'ont guère été émues, considérant qu'il en allait de leur sécurité. De fait, cette pratique n'est pas nouvelle. Les démocraties s'octroient, depuis longtemps, hors de tout conflit armé, le droit d'infliger la mort sans rendre de comptes à quiconque.

Le journaliste Vincent Nouzille a décrit avec précision la politique menée par la France en la matière, à l'abri des regards. Dans son ouvrage *Les Tueurs de la République* (Fayard, 2015), il relate comment la démocratie française, depuis de Gaulle, n'a cessé de recourir au Service Action, le bras armé de la Direction générale des services extérieurs, pour éliminer physiquement des personnes jugées hostiles aux intérêts de la France, y compris des nationaux. De nombreux pays agissent également ainsi. Mais gare à celui qui se fait attraper. L'une des rares règles qui prévalent dans le monde de l'espionnage d'État est l'interdiction de venir assassiner sur le sol d'un pays étranger. Une ligne rouge pourtant franchie par beaucoup de nations…

16 mars 2018

L'Europe veut contrer les espions turcs sur son sol

Les justices européennes coopèrent pour empêcher les agents du MIT d'éliminer des responsables kurdes.

Les justices européennes veulent s'attaquer aux commandos itinérants des puissants services secrets turcs (MIT) contre les dirigeants kurdes liés au Parti des travailleurs du Kurdistan (PKK). Depuis 2017, la Belgique, l'Allemagne et la France ont accru leur coopération judiciaire afin d'empêcher les agents du MIT d'agir à leur guise en surveillant et en liquidant les principaux chefs du PKK.

Cette offensive a été relancée par le dépôt d'une plainte pour « menaces de mort », le 1er décembre 2016 à Bruxelles, par Remzi Kartal, l'un des principaux représentants de la communauté kurde en Belgique. Sa démarche faisait suite à la réception, sur son téléphone portable, de trois messages émis d'un numéro ukrainien. Leur contenu permettait de faire un lien direct avec des événements visant des membres de la communauté kurde en Allemagne et en France, et montrait l'étendue du périmètre d'action du MIT.

« Tuté réjouis [sic] des déclarations de la personne de Brême. [...] Nous t'aurons toujours à l'œil jusqu'à ta mort », indiquait le premier message. L'allusion faisait référence à l'arrestation, fin 2016 à Brême, de Mehmet Fatih Sayan, suspecté de s'être fait passer pour un journaliste de la télévision kurde afin d'espionner les principales figures kurdes, dont Yuksel Koc, président de l'association des Kurdes d'Allemagne. Dénoncé par son ex-compagne, Sayan, présenté par le procureur, lors de son procès à Hambourg en octobre 2017, comme «un agent du MIT depuis 2013», a été jugé pour espionnage. Il a été remis en liberté et n'a écopé que d'une faible peine, faute «de preuves», a dit le tribunal.

Le deuxième message – «Nous avons donné la mort à ceux qui devaient être éliminés [...] un hasard que tu aies pu t'échapper» – évoquait l'assassinat à Paris le 9 janvier 2013 de trois hautes responsables du mouvement kurde en France, Sakine Cansiz, Fidan Dogan et Leyla Söylemez, au siège du Centre d'information du Kurdistan (CIK). Le 16 janvier, Omer Güney, le chauffeur de Mme Cansiz, l'une des fondatrices du PKK, se rendait à la police pour aider les enquêteurs.

De témoin, il devenait vite le seul auteur présumé. La justice française a estimé qu'il travaillait pour le MIT et l'a renvoyé devant la cour d'assises, mais l'action publique s'est éteinte avant qu'il soit jugé, après son décès de maladie en décembre 2016.

Un policier et «un tireur d'élite»

Enfin, le troisième message – «Nous allons faire en sorte que les gens qui t'entourent t'abattent» – faisait écho à d'autres éléments fournis par Remzi Kartal qui ont permis aux enquêteurs belges d'étendre, en juin 2017, le champ de leurs investigations. Il est en effet apparu qu'un salarié d'origine kurde, Haci A., avait été approché par son employeur, habitant à Lovendegem, en Belgique, pour qu'il travaille pour le « gouvernement turc », selon un document judiciaire belge. Cet homme a tenté de recueillir des informations sur Remzi Kartal et Zubeyir Aydar, un autre dirigeant kurde en Belgique, avant qu'il lui soit demandé de passer à l'étape suivante : « Liquider les personnes concernées », d'après le même document.

Placés sous surveillance, Haci A. et ses deux agents traitants ont été contrôlés le 14 juin 2017 par des policiers à Bruxelles dans un véhicule immatriculé en France. Ces derniers, qui communiquaient avec des numéros de téléphone français, montrèrent leur carte de police turque en guise de papier d'identité.

Le chauffeur et propriétaire de la voiture résidait à Argenteuil, dans le Val-d'Oise. Deux jours plus tard, selon la justice belge, ces deux hommes rencontraient quatre autres Turcs à Paris. Parmi eux, selon la même source, se trouvaient un policier turc de haut rang et « un tireur d'élite ».

La présence en France de ces individus a conduit la justice belge à émettre, le 14 octobre 2017, « une décision d'enquête européenne » par laquelle elle sollicitait l'aide du ministère public pour obtenir des éléments sur leurs agissements en France, susceptibles d'être rattachés au MIT. Des soupçons renforcés par le rôle de « coordination » des activités du MIT en Europe, prêté par la Belgique, dans sa demande d'entraide, à un haut responsable de la diplomatie turque à Paris.

La France avait déjà eu connaissance de menaces visant Remzi Kartal. Le réquisitoire définitif du 9 juillet 2015, dans l'affaire du triple homicide contre les dirigeantes kurdes à Paris, avait conclu qu'Omer Güney, un Turc ultranationaliste infiltré, avait pris part à une campagne d'assassinats lancée par le MIT, visant les cadres du PKK en Europe, « dont Remzi Kartal ». Que son nom apparaisse de nouveau, en tant que cible du MIT, montre que les services secrets turcs n'auraient pas cessé, depuis 2012, jusqu'à aujourd'hui, de traquer les responsables kurdes en Europe.

La sonorisation des parloirs d'Omer Güney, lors de son incarcération à Fresnes, dans le Val-de-Marne, avait en outre montré les liens étroits existant entre le suspect et des agents du MIT en Allemagne et en Belgique. Des perquisitions menées par la police allemande avaient même confirmé le projet d'évasion de Güney monté avec l'appui logistique du MIT, prévue lors d'un séjour à l'hôpital parisien de la Salpêtrière. Dans son enquête actuelle, la justice belge a d'ailleurs saisi son homologue allemande au regard de nombreux éléments de l'affaire Kartal rattachés à son territoire.

« Impunité »

Le gouvernement turc a toujours nié être impliqué dans les opérations visant les dirigeants kurdes en Europe. Le MIT a démenti publiquement, le 14 janvier 2014, les accusations le concernant, notamment celles sur le triple assassinat à Paris. Fortes des éléments fournis par la Belgique et faute d'avoir obtenu justice, les familles des trois victimes ont déposé, lundi 12 mars, à Paris, une nouvelle plainte contre les coauteurs de ces assassinats en soulignant « la connexité qui paraissait exister entre ces entreprises criminelles en Europe ». Selon l'un de leurs avocats, Me Antoine Comte, « l'impunité de ce genre de crime, parce que la Turquie serait un pays ami, constitue un grave danger pour les opposants politiques réfugiés à Paris ».

Interrogé par *Le Monde*, Adem Uzun, principale figure du conseil exécutif du Congrès national du Kurdistan (KNK) basé à Bruxelles, qui fédère la communauté kurde en Europe, s'est dit peu optimiste sur l'avancée de la justice européenne face aux intérêts des gouvernements. « Les pays européens ne veulent pas d'assassinats en pleine rue, d'où les tactiques d'infiltration douce du MIT, mais je ne suis pas sûr que l'Europe se soucie pour autant du sort des responsables kurdes sur son sol. À ce jour, quand la justice fonctionne, c'est davantage pour dire à Ankara : "Attention, on sait ce que vous faites", que pour condamner. Au grand jour, la Turquie dit respecter les traités internationaux mais, en réalité, elle agit comme un État bandit. »

6 septembre 2017

Ennemi d'État

Les archives de Jacques Foccart, conseiller du général de Gaulle, lèvent le voile sur un document, le seul connu à ce jour, prouvant la pratique d'assassinats ciblés par la France. Voici comment, pendant la guerre d'Algérie, un ingénieur allemand s'est retrouvé dans la mire des services extérieurs.

Au cœur de l'été 1958, dans le plus grand secret d'un pouvoir gaulliste tout juste sorti de sa traversée du désert grâce au putsch d'Alger du 13 mai, la France n'entend négliger aucun moyen, même les plus illégaux, pour mener une guerre qui va encore durer quatre ans. Si certaines forces françaises ont recours à la torture sur le sol algérien, le dernier gouvernement de la IVe République, dirigé par le général de Gaulle, ordonne de son côté des opérations clandestines dans le reste du monde contre ceux qui menacent ses intérêts en Algérie. Assassinats ciblés, attentats, avertissements sous forme d'agressions, ces pratiques sont monnaie courante – « des centaines », confessera Constantin Melnik, coordinateur des services de renseignement de 1959 à 1962.

Considérant agir en toute légitimité, même s'il est en totale infraction avec le droit international ou domestique, l'État français, que ce soit en 1958 ou en 2015 sous la présidence de François Hollande, s'est toujours réservé cette liberté, marquant ainsi les limites du contrôle de l'usage de la force, y compris dans les plus grandes démocraties. Levant un tabou, M. Hollande l'a même confirmé oralement dans plusieurs ouvrages, fin 2016. Mais il n'existait aucune trace écrite de ces décisions, du moins jusqu'à la découverte d'un document unique dans le fonds d'archives de Jacques Foccart, l'homme des services secrets et des basses œuvres du gaullisme, également connu comme le père de la Françafrique.

Daté du 1er août 1958 et annoté de la main de Foccart, ce document non seulement livre les détails d'une condamnation à mort « d'un sujet allemand, [...] dont l'action est très néfaste aux intérêts français en Algérie », mais révèle également les identités de la cible et de tous ceux ayant concouru au feu vert donné à son élimination physique. La lecture de cette pièce offre, enfin, une connaissance du processus d'autorisation qui fait intervenir les plus hautes autorités du pays et pose, même soixante ans plus tard, la question de la responsabilité d'un État.

Le Monde a reconstitué l'histoire de cet homme et les raisons qui ont conduit la France à vouloir le tuer. Cette plongée permet de découvrir un épisode méconnu de la guerre d'Algérie : l'action d'un réseau germanophone de soutien au Front de libération nationale (FLN), qui a organisé la désertion de plus de 4000 légionnaires, *via* Tétouan, au Maroc. Elle lève aussi le voile sur la guerre secrète qui a opposé la France et l'Allemagne, sur fond de fin de l'empire colonial français, alors qu'au grand jour ces deux pays unissaient leurs voix pour bâtir une Europe pacifique après deux conflits mondiaux meurtriers.

«L'officine existe effectivement»

Intitulée «Fiche relative à la désignation d'un objectif», la note est directement adressée par le service action du Sdece (Service de documentation extérieure et de contre-espionnage) à Jacques Foccart, qui est, à Matignon, conseiller technique du général de Gaulle – président du Conseil pendant six mois avant de faire entrer la France dans la Ve République et de s'installer à l'Élysée. «Schulz-Lesum, sujet allemand, résidant à Tétouan, précise la note, est le chef d'une organisation de désertion de légionnaires français. [...] À la suite d'une mission de reconnaissance, un contact commercial a été établi avec Schulz-Lesum. Ce contact entretenu par correspondance doit nous permettre d'attirer l'objectif dans un lieu favorable au Maroc et de le traiter discrètement par toxique indétectable et à effet différé.»

«Reçu le 3 août 1958, ai donné accord de principe», écrit, dans un premier temps, Jacques Foccart. Dans un second temps, de la même encre bleue, il ajoute : «accord de l'amiral Cabanier le 4 août, transmis aussitôt au colonel Roussillat», avant d'apposer son paraphe, identifiable sur de nombreux autres documents officiels. On relève que le ministre de la Défense n'apparaît pas dans le circuit de décision. Le document mentionne que c'est le chef d'état-major général de l'armée, Paul Ély, qui a demandé cette élimination au Sdece. L'amiral Cabanier n'est autre que le chef d'état-major de la Défense nationale attaché au général de Gaulle à la présidence du Conseil. Le colonel Robert Roussillat est alors le chef du service action du Sdece, chargé de mettre en œuvre cette décision.

Selon l'historien autrichien Fritz Keller, qui est l'un des rares à mentionner son nom dans ses travaux sur les réseaux d'aide au FLN, la cible, Wilhelm Schulz-Lesum, est née en 1896. D'après le Sdece, il serait alors «à Tétouan, depuis de nombreuses années». Ingénieur de formation et officiellement responsable d'une société d'import-export, il agit, en réalité, pour le compte des autorités ouest-allemandes. Ses contacts avec la diplomatie de Bonn au Maroc et en Espagne sont avérés et fréquents.

Son rôle est au cœur d'un rapport transmis, le 31 octobre 1957, par le chef des Renseignements généraux (RG) à Oran au général Salan, commandant de la 10e région militaire. Largement nourrie par les informations des RG de Sidi Bel Abbès, où est implanté le quartier général de la Légion, cette enquête est adressée, en copie, au chef du Sdece. «Il s'avère que l'officine mise sur pied en vue de favoriser la désertion des légionnaires allemands existe effectivement. Elle a pour responsable un certain Schulz-Lesum, non identifié, ingénieur à Tétouan, représentant de l'ambassade allemande de Madrid, titulaire de nombreuses décorations honorifiques de la République fédérale de Bonn», y est-il précisé. En 1953-1954, la Légion comprend 55 % d'Allemands, chiffre qui descend à 35 % entre 1956 et 1962, selon l'historienne Mathilde von Bulow, auteure d'un ouvrage sur l'Allemagne de l'Ouest au temps de la guerre froide et de la guerre d'Algérie. Un bon tiers a moins de 21 ans, et beaucoup ont même moins de 18 ans.

En 1957, les Français assurent que le dénommé Schulz-Lesum est chargé de réceptionner les légionnaires déserteurs à Tétouan et de les diriger sur Madrid *via* Ceuta et Algésiras. Pour ce faire, il leur fournit des titres de transport et une attestation d'identité contre l'engagement de rembourser la totalité des frais de rapatriement. «Il ressort que des contacts auraient été décelés entre légionnaires allemands et émissaires du FLN à Saïda [Algérie]. Ces contacts seraient pris dans cette ville à l'intérieur du Café des Sports», poursuit le rapport des RG de Sidi Bel Abbès.

Le service de rapatriement des légionnaires déserteurs a été créé en octobre 1956 par le Conseil national pour la révolution algérienne (CNRA), et son installation à Tétouan a été confiée à Abdelhafid Boussouf, *alias* « Si Mabrouk », ex-chef de la wilaya (circonscription administrative) V, perçu par le Sdece comme un « révolutionnaire au prestige extraordinaire, plus proche des combattants du maquis que de l'aile bourgeoise du Front ».

Le but, pour le FLN, est de structurer un phénomène de désertions croissant. Le 23 août 1955, le général Lorillot, prédécesseur de Salan au commandement de la 10e région militaire, écrit ainsi au ministre de la Défense pour lui faire part de « l'augmentation sensible des désertions dans les unités de la Légion étrangère ». Mais il se veut alors rassurant. Cela ne serait dû, selon lui, qu'à « la fin des opérations actives en Indochine », à « la modicité de la solde en Afrique du Nord par rapport aux soldes en Extrême-Orient » et « à la situation de demi-repos [...] propice aux tentatives de fugue ». Néanmoins, il estime nécessaire de « suivre de très près les questions de sécurité interne ».

La plaque tournante des trafics

L'inquiétude s'accroît pourtant vite. Le 22 octobre 1956, l'interception de l'avion transportant cinq chefs du FLN permet aux Français de trouver sur l'un des leaders, Mohamed Boudiaf, un extrait d'interrogatoire réalisé par les autorités espagnoles d'un légionnaire allemand déserteur âgé de 23 ans, Ludwig Trapp. On peut y lire des informations précieuses sur l'organisation et la sécurité interne de la Légion, ses lieux d'implantation en Algérie. Le 14 décembre 1956, le ministre résident en Algérie assure au secrétaire d'État aux Affaires étrangères que « les ingérences espagnoles dans la rébellion en Afrique du Nord sont indéniables ».

Le même 14 décembre 1956, le légionnaire Manfried Kober de la 5e compagnie du 1er régiment étranger d'infanterie rejoint ainsi dans le maquis une unité du FLN avec vingt camarades, avec armes et équipements. Ils sont pris en charge pendant vingt et un jours, avant d'être acheminés vers le Sud marocain, en territoire espagnol. Par bateau, ils font ensuite le trajet Ifni-Tétouan. Schulz-Lesum leur fait gagner Tanger, puis Madrid par avion. Kober est accueilli par le consul d'Allemagne dans la capitale espagnole, qui lui remet une somme d'argent, un passeport et un billet d'avion.

À Berlin, Kober est reçu par un pilier de cette filière de rapatriement, membre du « Nordafrikanischer Club », un certain Lindemann, qui lui demande le remboursement des 600 marks, prix de son retour au pays. L'hebdomadaire *Jours de France*, en juillet 1957, évoque l'existence de ce réseau allemand à Berlin. Dirigé par Hans-Peter Rullman, converti à l'islam et membre d'un mouvement pour la réunification de l'Allemagne patronné par la CDU (Union chrétienne démocrate) du chancelier Adenauer, il se livre à l'achat et à la livraison d'armes pour la « résistance algérienne ». Mais son activité principale reste l'organisation de la désertion des légionnaires allemands en Afrique du Nord.

M. Lindemann, qui prétend avoir 3 200 désertions à son actif, affirme même envoyer des émissaires qui, une fois introduits dans la Légion, endoctrinent des jeunes recrues et les incitent à déserter. De nombreux réseaux de solidarité se montent par ailleurs en Allemagne, dans les milieux étudiants, catholiques, protestants, communistes, trotskistes et syndicaux. Hans-Jürgen Wischnewski, député SPD (Parti social-démocrate), est la figure politique de ce mouvement de soutien. Adenauer, qui ne veut pas laisser la main au parti de l'opposition SPD, laisse faire, persuadé qu'un jour l'Algérie sera indépendante. Le FLN a confié à Abdelkader Chanegriha la coordination de quatre brigades spéciales, chargées du franchissement de la frontière marocaine. Deux voies principales d'exfiltration sont empruntées jusqu'à Nador par les déserteurs allemands, vers le sud, puis à l'ouest, suivant l'itinéraire El Aricha, Berguent, Oujda, à pied, puis de Nador à Tétouan, en taxi. Une seconde officine existe à Mascara, le trajet des légionnaires étant alors Dublineau, Tlemcen, Oujda, puis de Nador à Tétouan. « À Nador, ils seraient pris en compte par le gouverneur civil de ce centre puis dirigé sur Tétouan où Schulz-Lesum se chargerait de leur acheminement sur l'Allemagne », conclut le rapport des RG de Sidi Bel Abbès. Le centre de transit de légionnaires déserteurs à Tétouan est établi dans le quartier de Malaga, à une centaine de mètres du cinéma Le Victoria.

Maquiller les opérations

La base de Nador, située au bord de la mer, à l'extrémité est de l'ex-Maroc espagnol, à près de 100 kilomètres de la frontière algéro-marocaine, est le siège de l'état-major rebelle du Comité de libération du Maghreb arabe, mais aussi la plaque tournante du trafic d'armes et du regroupement des Algériens et Marocains partant combattre dans les maquis d'Algérie. « Il existe des ateliers à Nador où des spécialistes (parfois d'anciens légionnaires) fabriquent des grenades et des mines, dit le renseignement militaire. Une usine de fabrication de grenades et de mines se serait récemment montée à Tétouan, à l'embranchement de l'ancienne et de la nouvelle route de Ceuta, sous la direction de deux ingénieurs allemands. »

Sollicité en Algérie par *Le Monde*, Mohammed Lemkami, ex-membre des renseignements du FLN, se souvient des activités de ces Allemands de Tétouan, notamment de Winfried Müller, devenu officier de l'Armée de libération nationale (ALN) sous l'identité de Si Mustapha Müller, dont seul le nom restera dans l'histoire du rapatriement des légionnaires. Son bac en poche, en 1954, M. Lemkami devient instituteur dans son village natal de Khemis, à 45 kilomètres de Tlemcen. Petite main du FLN, il participe peu à peu à des missions de convoyage d'armes et escorte des chefs de l'ALN avant d'intégrer le ministère de l'Armement et des Liaisons générales (MALG, le service de renseignement du FLN), créé en 1957 par Boussouf.

« Les contacts avec les légionnaires se faisaient à l'intérieur du pays et ont été initiés par le FLN, se souvient-il. Parfois, en un seul jour, une petite dizaine d'entre eux désertaient, parfois personne. Certains légionnaires venaient avec leurs armes. Ils nous donnaient des informations sur les activités de la Légion, qui était la plus crainte au sein de l'armée française. On leur faisait passer la frontière et on les conduisait dans une ferme à Tétouan. C'est là que le réseau de Si Mustapha Müller prenait le relais pour les rapatrier. Ils ont été efficaces, car il y avait beaucoup d'Allemands et d'Autrichiens dans la Légion. »

Mohammed Lemkami œuvre alors également au sein du contre-espionnage du MALG. « En 1957, on a intercepté deux hommes du Sdece à la frontière marocaine, se remémore-t-il. Ils se faisaient passer pour des légionnaires déserteurs. S'ils ne répondaient pas à nos questions, ils mouraient, alors ils nous ont donné tout ce qu'ils savaient sur le Sdece au Maroc et en Algérie. Ils nous ont donné les noms des Marocains et des Algériens qui travaillaient pour eux. » Le renseignement est une priorité du FLN. Le Sdece signale, le 29 août 1958, qu'un légionnaire artificier ayant participé à la pose de mines et du réseau électrifié dans la région de Port-Say « aurait déserté et aurait donné tous les plans du réseau ».

Pour ses activités, Wilhelm Schulz-Lesum, l'ingénieur de Tétouan, est décoré, en 1957, par le président allemand,

Theodor Heuss, de la croix fédérale du Mérite. Le 2 avril 1958, la présidence autrichienne l'honore également pour son rôle dans le retour de légionnaires autrichiens, qu'il négocie avec l'ambassadeur d'Autriche à Madrid. Dès le 7 février 1957, le Sdece a informé la présidence du Conseil sur «la position autrichienne [qui] risque d'être influencée par l'esprit anticolonialiste de certains secteurs socialistes. Dans ces conditions, il y a lieu de prévoir soit l'abstention de l'Autriche, soit l'alignement sur l'attitude des États-Unis». Karl Blecha, futur ministre de l'Intérieur autrichien, alors président de l'Union des étudiants socialistes, se rend en 1958 en Afrique du Nord pour rencontrer des membres du FLN.

Reimar Holzinger, un socialiste autrichien né en 1921 qui a rencontré Si Mustapha Müller en 1955, est devenu son *alter ego* et s'occupe de l'exfiltration des déserteurs autrichiens. Il prend aussi en charge les Hongrois qui ont intégré la Légion après les événements de 1956 à Budapest. Bruno Kreisky, alors ministre des Affaires étrangères autrichien, soutient le gouvernement algérien en exil et le réseau Holzinger. «Quand un Autrichien désertait, le service de rapatriement contactait l'ambassade d'Autriche à Madrid, laquelle se chargeait d'organiser le transfert en bateau de Barcelone à Gênes et de là vers l'Autriche», a rapporté Holzinger à l'historien Fritz Keller.

C'est dans ce contexte que le service action du Sdece va tenter de mettre en œuvre l'ordre d'éliminer Wilhelm Schulz-Lesum. Pour maquiller ce type d'opération, la France étant déjà critiquée au sein de l'ONU pour sa politique algérienne, le Sdece fait croire qu'un groupe mystérieux appelé La Main rouge opère de manière autonome et mène, seul, des actions contre les soutiens actifs au FLN. Un grand nombre d'opérations étant perpétrées en Allemagne de l'Ouest, il s'agit également de ne pas heurter l'allié allemand.

Selon un ancien du 11e régiment parachutiste, bras armé du Sdece, l'opération d'approche mentionnée dans la note Foccart auprès de Schulz-Lesum était la spécialité d'un groupe d'agents du Sdece mené par Jean-Pierre Lenoir, expert dans la traque des trafiquants d'armes et très actif en Espagne.

Le rôle de faux nez joué par La Main rouge n'a guère trompé les autorités allemandes, qui mènent, de leur côté, un double jeu. Dans leur *Histoire des services secrets allemands* (Nouveau Monde, 2009), Michael Mueller et Erich Schmidt-Eenboom indiquent que le BND (service fédéral allemand de renseignement), l'équivalent allemand du Sdece, disposait d'un bureau au siège des services français, à Paris, et qu'il prêtait main-forte dans la traque aux réseaux de soutien au FLN, y compris sur le sol allemand. Mais, à la fin des années 1950, pour s'attirer les faveurs de pays arabes tout juste sortis du joug colonial, la RFA envoie aussi ses agents du BND former les services de sécurité de la Syrie, du Soudan et de l'Égypte, pays où les renseignements allemands dialoguent avec le FLN et son gouvernement provisoire. La RFA considérait favorablement le rapatriement de légionnaires allemands, estimant que leur présence dans cette force coloniale française était une atteinte à sa souveraineté et à son image. En 1958, un agent expérimenté du BND, Richard Christmann, lui-même ex-légionnaire, se rend d'ailleurs à Sidi Bel Abbès pour rendre compte des activités du réseau.

Les menaces du Sdece n'ont pas été sans effet. Le BND semble avoir prévenu Wilhelm Schulz-Lesum du danger. Lorsque la sentence mortelle est prononcée à son encontre, le 4 août 1958, dans le secret du bureau de Foccart, l'homme est déjà en partance pour Madrid. Le Sdece relève d'ailleurs, le 4 juin 1958, que les déserteurs sont désormais accueillis à Tétouan par un autre Allemand, Otto Berger, également agent consulaire de la République fédérale allemande.

Tétouan, terre d'espions et point d'observation régional au cœur de l'empire colonial français en train de s'affaiblir, intéresse alors tous les services secrets étrangers. D'après l'historien Kader Benamara, qui a travaillé avec M. Keller sur les réseaux de solidarité autrichiens en faveur du FLN, « Si Mustapha Müller avait été contacté par la CIA pour connaître le rôle du Parti communiste au sein de la rébellion algérienne ». Le FLN était, selon le renseignement militaire français, équipé d' « appareils portatifs de fabrication américaine » fournis par l'Allemagne.

Des grenades sous le lit

Le même Müller avait déserté, pendant la Seconde Guerre mondiale, la Wehrmacht pour rejoindre l'Armée rouge, au sein de laquelle il a joué un bref rôle de propagandiste communiste à destination des soldats allemands. Exclu d'une école de cadres communistes en 1950 pour « déviance titiste », il tente en vain d'entrer dans la Légion étrangère, le 2 février 1951, à Landau, en Allemagne, puis débarque à Paris en 1953, où il devient chef du protocole d'un diplomate sud-américain dont la femme ne saura jamais que sous son lit étaient cachés des lots de grenades destinés aux amis du FLN. Repéré par les services français, il fuit vers le Maroc en 1956, où il noue vite des relations étroites avec les représentants consulaires et diplomatiques de la République fédérale allemande.

Les Soviétiques, proches alliés du FLN, étaient également présents à Tétouan et n'ont pas perdu le contact avec Müller. Un télégramme du 26 mai 1959 du consulat général de France de Tétouan à son ministère à Paris indique, laconique, qu'un « service commercial russe aurait loué des bureaux par l'intermédiaire de M. Garcia Rivera, vente de produits agricoles». La tête de Müller est mise à prix 50 000 marks, mais il est moins facile à atteindre que Schulz-Lesum. Il échappe à un explosif caché dans un livre envoyé du Caire qui l'attend à la poste de Tétouan. Quatre gardes du corps le suivent en permanence et des chiens protègent sa maison, à Tétouan, des agents de La Main rouge.

Comme bon nombre d'opérations commandées au Sdece à cette époque, finalement avortées ou abandonnées, celle ayant visé Wilhelm Schulz-Lesum n'a pas été menée à son terme. Après des recherches en Algérie, au Maroc, en Allemagne et en Autriche, *Le Monde* a finalement retrouvé sa trace en juin 1965 à Madrid, où l'ingénieur de 69 ans a renoué avec ses premiers centres d'intérêt. Il y dépose, le 1er juin 1965, un brevet technique sur un extincteur d'incendie. Il a retrouvé une vie normale. La vindicte française est retombée.

Trois ans plus tôt, en effet, le 15 septembre 1962, Si Mustapha Müller a annoncé la fin des activités du service de rapatriement de légionnaires déserteurs «eu égard au rétablissement de l'indépendance de l'Algérie et compte tenu de l'accord franco-algérien d'Évian». Parmi les 4 111 légionnaires déserteurs rapatriés par le réseau figurent 2 783 Allemands, 489 Espagnols, 447 Italiens, 137 Hongrois, 87 Yougoslaves, 41 Belges, 35 Suisses, 31 Autrichiens, 16 Scandinaves, 19 Hollandais, 7 Luxembourgeois, 3 Grecs, 9 Britanniques, 2 Américains, 3 Latino-Américains, 1 Coréen et 1 Bulgare.

Wilhelm Schulz-Lesum redevient l'un des acteurs anonymes d'une aventure collective tombée dans l'oubli, qui fut résumée, en avril 1961, par *The Overseas Weekly* sous un titre évocateur : «Le service qui a volé une brigade entière de la Légion étrangère sans tirer un coup de fusil».

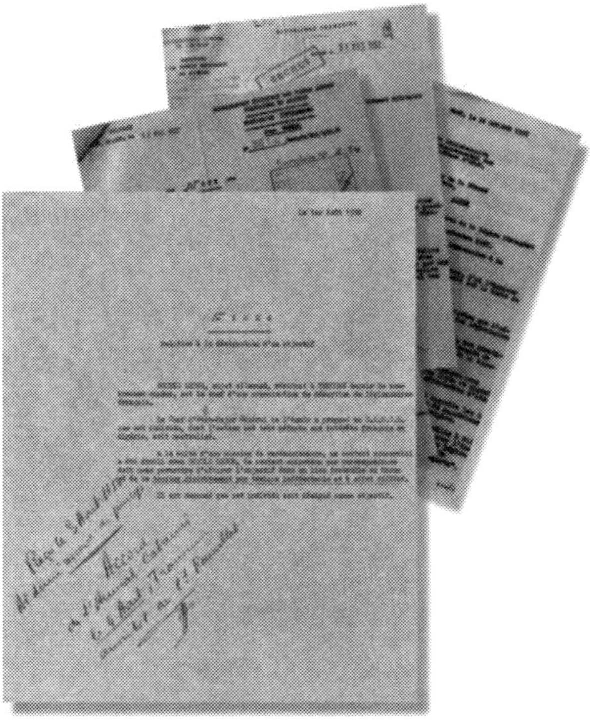

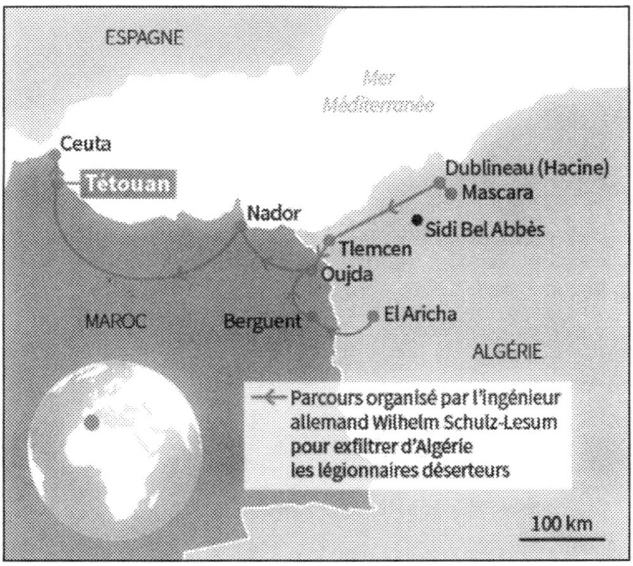
ESPAGNE
Mer
Méditerranée
Ceuta
Tétouan
Nador
Dublineau (Hacine)
Mascara
Sidi Bel Abbès
Tlemcen
Oujda
El Aricha
MAROC
Berguent
ALGÉRIE
Parcours organisé par l'ingénieur allemand Wilhelm Schulz-Lesum pour exfiltrer d'Algérie les légionnaires déserteurs
100 km

Le Mossad en croisade

Les responsables sécuritaires israéliens aiment à rappeler ce verset du Talmud : « Si quelqu'un vient pour te tuer, lève-toi et tue-le le premier. » Fidèle à cette injonction, le Mossad, services de renseignement extérieur de ce pays, s'est fait une spécialité des assassinats ciblés dans le monde entier. Selon Ronen Bergman[1], 2 700 personnes auraient ainsi été tuées. Marqués par le traumatisme de l'Holocauste, persuadés que le pays et ses habitants sont en perpétuel danger d'annihilation, les fondateurs d'Israël ont considéré que les liquidations extrajudiciaires étaient un mal nécessaire. De ce fait, les moyens techniques et financiers alloués par les gouvernements d'Israël à leurs services de renseignement sont sans commune mesure avec ceux des autres démocraties en termes de budget et de priorité.

Si les espions israéliens ont une place à part dans la communauté mondiale du renseignement, c'est dû à cet engagement national, mais aussi à un investissement souvent très poussé dans chaque opération. On trouve la trace des premières actions structurées dès 1944. Depuis, elles

1. Auteur de *Lève-toi et tue le premier. Histoire secrète des assassinats ciblés commandités par Israël*, Grasset, 2020.

n'ont cessé de se complexifier. Mais, à la différence des services des grandes puissances, ceux d'Israël se focalisent sur des cibles régionales, parmi lesquelles des groupes terroristes, les mouvements palestiniens et leurs soutiens, l'Iran, la Syrie ou encore l'Égypte.

Le Mossad n'a guère de tabou. Ses propres alliés et services partenaires savent qu'ils peuvent eux-mêmes faire l'objet de son ingérence ou que, *a minima*, il pourra s'affranchir des règles s'il l'estime nécessaire. Sur son site Internet – en hébreu, anglais, français, russe, arabe et farsi – et sa chaîne YouTube, le Mossad annonce la couleur : « Quel que soit votre pays, votre emplacement, quelle que soit votre nationalité, votre religion, si vous souhaitez évoluer au sein de notre organisation ou réaliser une activité de votre choix avec défi et satisfaction, vous pouvez nous contacter. »

26 juillet 2018

L'ombre du Mossad sur la Ville lumière

De la fenêtre de l'hôtel, on voit le métro aérien parisien franchir la Seine sur le pont de Bercy. Grâce aux wagons illuminés, on distingue même les passagers. Sur l'autre rive se dessinent les formes imposantes du palais omnisports. Il est bientôt 17 h 30, ce 19 janvier 2010, la nuit est déjà là. Mais les personnes présentes dans cette chambre transformée en « QG » opérationnel, avec écrans d'ordinateur et téléphones cryptés, ne sont pas d'humeur à contempler la ville : leur attention est concentrée sur un autre hôtel, à 7 000 kilomètres de là, l'Al Bustan Rotana de Dubaï, où se joue un scénario digne d'un film d'espionnage.

Là-bas, dans la chambre 237, leurs collègues du Mossad, les services secrets israéliens, se tiennent prêts à passer à l'action. Deux équipes de deux tueurs sont mobilisées, soutenues par trois autres agents chargés de la sécurisation des lieux et de la logistique. Dans la chambre 230, située juste en face, leur cible vient de rentrer de son shopping. Enregistré à son arrivée à Dubaï sous le nom de Mahmoud Abdul Raouf, il s'agit en réalité de Mahmoud Al-Mabhouh, responsable de l'achat des armes pour le Hamas, mouvement islamiste palestinien. Les tueurs attendent le feu vert pour franchir le couloir, pénétrer dans sa chambre et lui injecter un produit mortel.

Leur tâche accomplie, ils quittent l'hôtel Al Bustan Rotana à 17 h 46, heure de Paris. Le cadavre de la chambre 230 sera découvert dix-sept heures plus tard. Même si les premières conclusions évoquent une mort naturelle, le doute s'installe. Grâce à l'intense réseau de surveillance du pays, les autorités émiraties parviennent à repérer les membres du commando, au total une trentaine de personnes. Juste après l'assassinat, on voit, sur les images de vidéosurveillance de l'hôtel, deux des tueurs patienter devant l'ascenseur. Par rapport aux images de leur arrivée, le premier a remonté les manches de sa chemise, désormais froissée. Le second a le poignet gauche entouré d'un bandage ; certainement le signe du recours à la force.

Aucun agent israélien n'est arrêté – ils ont tous eu le temps de quitter Dubaï –, mais les enquêteurs établissent qu'ils ont appelé à plusieurs reprises un même standard en Autriche. En réalité, selon une information inédite révélée ici par *Le Monde*, l'essentiel des appels avait pour destination finale Paris, et la fameuse chambre d'hôtel du quartier du pont de Bercy. C'est depuis ce centre opérationnel qu'a été coordonnée l'exécution. D'après le contre-espionnage français, des agents identifiés à Dubaï étaient venus dans la capitale préparer l'opération.

En découvrant le dispositif mis en place à leur insu par le Mossad, les autorités françaises mesurent les risques encourus : aux yeux du Hamas et d'autres groupes radicaux, elles peuvent apparaître comme complices de l'État hébreu. Pour ne rien arranger, il apparaît que le Mossad a subtilisé des identités de citoyens français afin de fabriquer quatre passeports pour ses agents. La justice française se saisit de cette fraude aux documents d'identité, comme d'ailleurs ses homologues britannique, autrichienne et irlandaise, concernées par vingt-deux autres passeports falsifiés, mais sans grand espoir de remonter aux auteurs.

« Au moins, c'était un moyen de faire passer un message, se souvient un chef de la police judiciaire parisienne de l'époque. En judiciarisant l'affaire, nous disions qu'il s'agissait d'une atteinte inacceptable à notre souveraineté. »

Rayonner en Afrique

Contrairement aux autres pays, la France ne fait aucun commentaire public condamnant la manœuvre des autorités israéliennes. Paris préfère dépêcher sur place deux cadres du renseignement, des hommes solides et peu causants : Patrick Calvar, alors directeur du renseignement à la DGSE, et Frédéric Veaux, numéro deux de la Direction centrale du renseignement intérieur (DCRI, devenue depuis la DGSI). À charge pour eux de se plaindre au patron du Mossad, Meir Dagan, en lui disant en substance, selon une personne familière du dossier : « Même si nous savons tout, nous ne ferons pas comme les Irlandais ou les Britanniques. Nous resterons amis, mais ce ne sera pas gratuit. » Il est impossible de savoir ce que le Mossad a offert, ce jour-là, en échange du silence de la France, mais la seule monnaie qui compte, dans le monde de l'espionnage, est celle du « renseignement », autrement dit des informations.

Cette affaire rappelle à quel point Paris est une ville ouverte aux espions. Elle s'y prête avec ses congrès internationaux, le fréquent passage de personnalités arabes et africaines. C'est aussi le carrefour idéal pour rencontrer des sources œuvrant dans la région. Ainsi, le Mossad fait venir à Paris ses contacts en Suisse. Bien d'autres services étrangers y ont établi des postes régionaux permettant de rayonner dans toute l'Europe, mais aussi en Afrique, plus particulièrement au Maghreb. À elle seule, la CIA compterait une cinquantaine d'espions déclarés à Paris, ainsi qu'une centaine de clandestins.

Au ministère de l'Intérieur, les anciens ont une explication à l'attrait qu'exerce la capitale : les agents étrangers s'y sentent plutôt à leur aise, sans trop de risques d'être dérangés. Il faut dire que, côté français, l'essentiel des moyens en matière de renseignement est consacré à la lutte contre le terrorisme. Le contre-espionnage, qui nécessite du temps, passe quelque peu au second plan. « C'est un choix politique, il faut savoir ce que l'on privilégie entre sécurité et souveraineté, malheureusement, on a négligé le travail à long terme », regrette un ancien poids lourd du renseignement intérieur. Résultat : en 2014, par exemple, le service chargé à la DGSI de surveiller les espions américains sur le sol national dépassait à peine quatre personnes et limitait son activité à la mise sur écoute du téléphone du chef de poste de la CIA.

Le Mossad, on l'a vu, occupe une place particulière dans ce théâtre d'ombres. Avec, parfois, un rôle de partenaire. Ainsi, en 2010, alors que la France envoie deux émissaires à Tel-Aviv pour dire sa colère, la DGSE et la DCRI s'associent, dans le même temps, aux services israéliens dans une délicate opération de lutte contre la prolifération des armes chimiques, baptisée « Ratafia ». L'objectif ? Piéger un responsable syrien du programme secret du régime de Bachar el-Assad. En réalité, tout a débuté deux ans plus tôt, à Damas, par une longue approche de l'homme en question. Ses interlocuteurs ont fini par le convaincre qu'il devait suivre en France une formation pour lancer sa propre société d'import-export.

Une fois à Paris, le piège consiste à le mettre en confiance et à le faire parler sur ses activités. Lors de ses séjours dans la capitale, il est « traité » par un faux homme d'affaires qui devient son mentor et lui présente divers contacts qui sont, en fait, des agents israéliens. La DCRI agit en protection et assure une partie de la logistique. Lorsque le Syrien commence à émettre des doutes sur son protecteur, en 2011, il est trop tard : l'argent et les cadeaux reçus lui interdisent toute reculade; le piège s'est refermé sur lui. Entre-temps, le Mossad a acquis des informations de premier choix.

Jouer la carte politique

Les amis n'existent pas dans le monde de l'espionnage. Les agents français en ont eu justement confirmation au cours de cette opération conjointe. En 2011, la sécurité interne de la DCRI soupçonne les Israéliens de profiter de ce travail en commun sur l'opération « Ratafia » pour tenter une manœuvre d'infiltration, en nouant des liens jugés suspects avec des agents français. L'un d'eux a fait shabbat avec le chef de poste du Mossad à Paris, David Keidar. Le même est parti faire du tir à Dubaï avant de rejoindre en famille ses nouveaux amis à Jérusalem. Les accusations visent en outre des proches du Mossad qui auraient tenté de vendre du matériel de surveillance aux services français de police judiciaire, de renseignement ainsi qu'aux gendarmes du GIGN. Préalablement équipé de dispositifs espions, ce matériel aurait pu leur offrir un accès direct aux enquêtes menées par la France.

De nouveau, la DCRI fait part de ses griefs aux autorités israéliennes. En 2012, deux membres de l'ambassade d'Israël à Paris, dont le chef de poste du Mossad, sont priés de quitter le territoire. On les retrouvera, de passage à Paris, en 2016, reconvertis dans le privé… « Cette ville, c'est la cour de récréation du Mossad, se plaint un ancien du service « H » de la DGSI, chargé de surveiller ses agissements en France. Si les Chinois et les Russes sont nos ennemis, il ne faut pas oublier que les Israéliens et les Américains demeurent offensifs. » Selon lui, d'autres éléments compliquent la relation avec le Mossad : « Notre capacité de réaction est limitée, car ils jouent vite la carte politique en se plaignant à l'Élysée ou à Matignon. De plus, on dépend d'eux sur des sujets sensibles et notre marge est restreinte pour empêcher certains membres de la communauté juive de leur apporter une aide logistique. »

Au ministère des Affaires étrangères, on préfère nuancer : « Les Israéliens font quand même un peu plus attention qu'avant. » « Avant », c'est tout particulièrement le 8 juin 1992. Ce jour-là, un haut responsable du Fatah (mouvement palestinien), Atef Bseiso, est assassiné devant son hôtel, près de Montparnasse, à Paris. Les deux tueurs l'ont achevé, à terre, d'une balle dans la tête. Il venait de rencontrer, pour le compte de Yasser Arafat, des responsables de la DST (l'ancêtre de la DGSI). Les services français ont peu apprécié cette mauvaise manière.

Selon le contre-espionnage français, le Mossad évite désormais les opérations létales en France et ferait moins appel à certains membres de la communauté juive de Paris. Par ailleurs, il déléguerait davantage de tâches à des sociétés privées de sécurité. L'une d'elles, baptisée « Nice », a été soupçonnée en 2010 par le parlement belge d'avoir sonorisé, en 2003, les locaux du Conseil européen à Bruxelles. Des faits jamais démontrés judiciairement. Cette entreprise, dont le capital est détenu en partie par des entités publiques israéliennes, a décroché plusieurs contrats en France et nie toute ambiguïté dans ses activités. Une autre société, l'agence Black Cube, attire les regards à Paris. Fondée à Tel-Aviv en 2010 et disposant de bureaux place Vendôme, elle fait du recrutement de vétérans des services de renseignement israéliens un argument commercial, mais dément avec vigueur toute déloyauté vis-à-vis de ses clients.

Signe particulier : elle a eu comme président d'honneur Meir Dagan, l'ex-directeur du Mossad (2002-2011), jusqu'à son décès en 2016. L'homme qui en 2010 avait autorisé l'installation du « QG » parisien de l'opération de Dubaï.

27 mars 2017

Le Mossad, les services français et l'informateur syrien

Comment la France et Israël ont manipulé une source pour qu'elle livre des secrets sur les armes chimiques.

C'est une guerre secrète réservée aux espions. Ses batailles unissent, au sein d'alliances, des agences nationales de renseignement qui s'affrontent bloc contre bloc au nom d'une cause jugée vitale : la lutte contre la prolifération et l'utilisation des armes chimiques. Chose rare, *Le Monde* a eu accès aux détails d'une opération hautement confidentielle, baptisée « Ratafia » et menée, en France, par les services secrets français et leurs homologues israéliens du Mossad, contre le programme secret d'armes chimiques du régime de Bachar el-Assad. Elle a permis, avant et pendant la guerre civile en Syrie, qui a débuté en 2011, d'obtenir des informations précises sur l'arsenal syrien. Un travail de longue haleine consistant à identifier une source syrienne et à la manipuler.

Les éléments dont *Le Monde* a eu connaissance auprès de sources judiciaires et issues des communautés du renseignement et diplomatique permettent de lever le voile sur le degré de connaissance réel dont bénéficiaient, en 2010, les puissances occidentales sur le programme d'armes chimiques de Damas, trois ans avant qu'elles ne le dénoncent après des massacres perpétrés en 2013. La coopération entre proches alliés permettait, semble-t-il dès 2011, de sensibiliser la communauté internationale sur la menace que constituait le régime syrien et de tenter de faire pression pour le démanteler. Pour ne pas mettre en péril inutilement la sécurité d'agents de terrain ou d'opérations toujours en cours, *Le Monde* a sciemment choisi de ne pas évoquer certains aspects de cette mission.

D'après les informations transmises en 2010 par le Mossad à la DCRI (devenue DGSI en 2014) et à la Direction générale de la sécurité extérieure, l'opération a démarré deux ans plus tôt, à Damas, par une longue approche d'un Syrien travaillant pour le programme de développement, de production et de stockage des armes chimiques et des missiles vecteurs. La surveillance de la Syrie est depuis longtemps une priorité pour l'État juif et ce programme, qui concerne alors près de 10 000 salariés, selon les chiffres échangés entre les principales chancelleries occidentales, est un objectif prioritaire pour le Mossad.

Selon un diplomate français, les forts soupçons qui pesaient sur la responsabilité du renseignement israélien dans le grave accident survenu en 2007 sur le site d'Al-Safir, lors de l'assemblage de missiles vecteurs de VX, le gaz le plus toxique des agents de guerre chimique connus, ont conduit Damas à renforcer le secret et les mesures de sécurité. De quoi inquiéter Israël. En 2010, le chef du bureau de lutte contre le terrorisme, Nitzan Nuriel, lors du 10e sommet sur le contre-terrorisme, accuse Damas de fournir des armes non conventionnelles au Hamas et au Hezbollah.

L'objectif n'est donc pas d'éliminer des responsables du programme, mais de trouver une source syrienne en matière d'armes chimiques, de connaître les liens, dans ce domaine, avec les alliés iranien, russe ou nord-coréen et d'identifier les filières d'approvisionnement. Pendant deux ans, le Mossad, par l'intermédiaire d'un contact local à Damas, entre en relation avec la cible, de quoi réunir suffisamment d'éléments pour créer de toutes pièces une histoire pouvant le convaincre de sortir de Syrie afin que le Mossad puisse l'approcher.

Fouilles d'ordinateurs

Habitant à Damas, il intéresse d'autant plus les services qu'il jouit d'une grande proximité avec la fille d'un haut dignitaire du régime. Ayant analysé les failles psychologiques du personnage, rêveur et romantique, et senti qu'il souhaitait s'affranchir de l'administration syrienne, son interlocuteur à Damas parvient à le convaincre qu'un autre destin l'attend et qu'il pourrait monter ses propres affaires tout en continuant à servir son pays.

Se dessine alors le scénario de voyages à l'étranger, notamment en France, pays ami de la Syrie, en théorie sans risque pour lui, pour y faire fonctionner sa future société d'import-export. Mais l'homme n'est pas totalement libre. Pour des raisons de sécurité, son passeport est entre les mains du régime et ses voyages en France sont soumis à autorisation de sa hiérarchie. C'est là qu'entrent en jeu les services secrets français. Ils facilitent l'obtention de visas et ouvrent des portes sans que l'intéressé y voie malice. Lors de ses passages en France, des agents français sont intégrés dans le dispositif du Mossad. L'opération est intitulée « Ratafia ». Elle durera plusieurs années. La CIA et son homologue allemand, le BND, sont aussi dans la boucle.

Lorsqu'il atterrit à Paris, un homme le conduit dans un hôtel du 13e arrondissement. Le Mossad, au fait des habitudes de leurs homologues syriens dans la capitale française, assure qu'il n'y a pas à craindre de filature de l'ambassade de Syrie à Paris. La cible est désormais « traitée » par un faux homme d'affaires au nom italien devenu son confident et son mentor, qui le conseille et lui présente des contacts. Une grande part de ces interlocuteurs, des hommes d'affaires, des chauffeurs ou des intermédiaires, sont en réalité des agents du Mossad. La DCRI, elle, agit en protection et assure une partie de la logistique de surveillance technique, notamment la sonorisation de véhicules, de chambre d'hôtel ou les fouilles d'ordinateurs.

Le premier rendez-vous a lieu dans un palace, le George-V, à Paris. La prise en main psychologique de la cible fonctionne à merveille, d'autant que son ami-mentor la fait profiter de sa voiture avec chauffeur et de son train de vie. Euphorique, impatiente, presque nerveuse, elle a été circonvenue par le Mossad parvenu à lui faire croire cette fable qu'elle pense être un tournant crucial de sa vie personnelle et professionnelle. Le Mossad confie aux Français que la cible ne se perçoit pas comme un traître et ne donne pas de renseignements facilement. Sérieux, même s'il fait montre d'un certain sens de l'humour, l'homme ne goûte guère le projet de ses hôtes de le conduire au Crazy Horse. Ces derniers ne réussiront à le traîner qu'à une représentation du spectacle *Mamma Mia !*, qui sera déjà, dira-t-il, peu en accord avec son idée du divertissement. Ses accompagnateurs ont plus de succès lorsqu'ils lui apportent une chicha dans sa chambre d'hôtel. Parmi la dizaine d'agents du Mossad mobilisés pour la partie française de l'opération, les psychologues comptent autant, sinon plus, que les techniciens ou les anciens des forces spéciales.

Lors de ses séjours en France, les amis de son mentor au nom italien proposent de lui vendre du matériel ou de le mettre en contact avec des fournisseurs. En sachant ce qu'il cherche, le Mossad enrichit sa connaissance des programmes chimiques syriens. Dans la foulée, le Mossad, la DCRI et la DGSE découvrent les sous-traitants, intermédiaires et fabricants français et européens qui tentent de tirer profit de cette économie de la prolifération. La manipulation progresse.

Il prend l'habitude de recevoir de l'argent en espèces et des cadeaux. Même si on lui recommande la discrétion à l'égard de son entourage, l'homme se prend au jeu et commence peu à peu à donner des informations tout en ayant le sentiment de rester loyal à Damas. L'emprise psychologique est telle qu'il reprend à son compte l'idée suggérée par les psychologues du Mossad d'aider la fille du dignitaire syrien à réaliser des projets personnels. La technique consiste à l'impliquer dans les discussions et les décisions prises, des plus anodines aux achats et recherches de matériels de sorte qu'il saura par lui-même, affirment les psychologues du Mossad, qu'il aura franchi la ligne jaune. Le piège se referme. Il donne davantage d'informations, notamment sur l'arsenal d'armes chimiques dont dispose la Syrie, des tonnes d'ypérite et de VX. Plus inquiétant encore, le Mossad apprend l'existence d'un projet d'acquisition de camions lance-missiles, qui avortera sans que l'on sache aujourd'hui si le Mossad y est pour quelque chose.

En 2011, l'euphorie semble néanmoins retombée et la cible fait état, à haute voix, de doutes sur la réalité de l'identité de son protecteur au nom italien. Mais il est trop tard. L'argent reçu lui interdit de faire machine arrière. Le Mossad, de son côté, a acquis des informations de premier choix lui permettant d'étayer son dossier contre la Syrie auprès des Américains, qui rechignent à s'engager de nouveau au Proche et Moyen-Orient.

« Ligne rouge »

Les éléments transmis par les Israéliens aux Français et aux Allemands conduiront en 2011 au gel des avoirs du Centre syrien d'étude et de recherche scientifique (CERS), pilier du programme chimique syrien, par l'Union européenne au motif qu'il fournit à l'armée syrienne des moyens pour surveiller et réprimer de simples manifestants. Des mesures identiques seront prises, fin 2011, contre des sociétés écrans utilisées par le CERS pour acheter du matériel sensible à l'étranger, telles que Syronics, l'Organization for Engineering Industries, Industrial Solutions ou encore Mechanical Construction Factory.

En 2005, le président américain George W. Bush avait déjà désigné le CERS comme une dangereuse source de prolifération. En 2012, le président Barack Obama annonce, à son tour, que toute utilisation ou transfert des armes chimiques par le régime de Bachar el-Assad reviendrait à franchir la « ligne rouge ». Les attaques chimiques du printemps et de l'été 2013 contraignent la communauté internationale à réagir. La France et les États-Unis, alimentés par le renseignement israélien, préparent une opération qui sera stoppée au tout dernier moment, fin août 2013, par M. Obama. Le 2 septembre 2013, la France rend publics ses propres renseignements sur le recours aux armes chimiques par Bachar el-Assad, pointant le rôle central joué par le CERS dans leur production.

Espionnage entre amis

Il existe dans le monde de l'espionnage d'État une forme « d'amicale ». Un club très fermé, regroupant les «*five eyes*» anglo-saxons (Américains, Britanniques, Canadiens, Australiens et Néo-Zélandais), le BND allemand, ISNU (Israël SIGINT National Unit ou Unité 8200) ou encore la direction technique de la DGSE française. De la fin des années 1990 aux années 2010, ces services de renseignement technique ont contribué à redéfinir le concept de souveraineté nationale en matière de renseignement. Ils se sont entraidés pour bâtir leur système de surveillance, pour contourner leurs lois domestiques, pour étendre leurs capacités d'intrusion et leur influence auprès du pouvoir politique.

Les Américains de la NSA ont très tôt aidé les Français. Néanmoins, ce sont les Britanniques qui vont élever la DGSE au rang des grandes puissances maîtrisant l'optique et les câbles. Leur aide a été précieuse pour appréhender la collecte et le traitement du flux massif. Avec la révolution du numérique et de l'Internet, l'espionnage a fait sauter les barrières nationales, devenant l'affaire d'un groupe restreint de partenaires cherchant à étendre leur toile de surveillance massive.

Si cette « amicale » obéit à ses propres lois et s'efforce, chaque fois qu'elle le peut, d'aider ses membres, les intérêts nationaux n'ont pas disparu pour autant. En Europe, le GCHQ britannique agit certes en chef de bande, mais il rend toujours fidèlement compte à son mentor américain. Les révélations, en 2013, du lanceur d'alerte et ex-contractuel de la NSA, Edward Snowden, ont ainsi démontré, preuves à l'appui, que, si les États-Unis coopéraient avec leurs alliés européens, ils les espionnaient en même temps. Le cœur même des centres du pouvoir français, le palais de l'Élysée ou les diplomates du Quai d'Orsay, figuraient parmi les cibles de la NSA.

8 décembre 2016

Vols au-dessus d'un nid d'espions

La NSA américaine et son homologue britannique ont développé un programme permettant de capter les données de communications, y compris les codes secrets, des passagers des compagnies aériennes.

Dans l'immense stock d'archives extraites par Edward Snowden, l'ancien contractuel de l'Agence nationale de sécurité américaine (NSA), c'est une pépite. Elle débute par une devinette : « Quel est le point commun entre le président du Pakistan, un trafiquant de cigares ou d'armes, une cible du contre-terrorisme ou le membre d'un réseau de prolifération nucléaire ? Ils utilisent tous leur téléphone portable lorsqu'ils sont dans un avion. »

Posée en 2010 dans une des lettres d'information interne de l'une des principales directions de la NSA, « SIDtoday », et classée « top secret », elle annonce l'émergence d'un nouveau terrain d'espionnage, qui n'avait pas encore été exploré : l'interception des données de communications à bord des avions de ligne. Dès 2009, la NSA souligne dans un document interne que, en décembre 2008, 50 000 personnes ont déjà utilisé leur téléphone portable en vol, un chiffre qui atteint 100 000 en février 2009. Pour expliquer cet engouement, la NSA énumère :

« De plus en plus d'avions équipés, la crainte recule de voir l'avion s'écraser. Pas aussi cher qu'on le croyait. [...] Le ciel pourrait appartenir à la NSA. »

Fin 2012, le Government Communications Headquarters (GCHQ), l'homologue britannique de la NSA, livre, à son tour, dans une présentation « top secret strap », un des plus hauts niveaux de classification, les dessous du programme Southwinds (« vents du sud »), mis en place pour collecter tout le trafic, voix et data, métadonnées et contenu des connexions à bord des avions. La zone est encore limitée aux régions Europe, Moyen-Orient et Afrique, couvertes par les satellites Inmarsat.

La collecte des données se fait « quasiment en temps réel » et un avion peut être suivi toutes les deux minutes. Pour espionner un téléphone, il suffit qu'il soit à une altitude de croisière de 10 000 pieds. Le signal transitant par satellite, la technique d'interception se fait par des stations secrètes d'antennes au sol. Le seul fait que le téléphone soit allumé suffit à le localiser, l'interception peut alors être croisée avec le registre des listes de passagers et les numéros des avions, pour mettre un nom sur l'utilisateur du smartphone.

Le GCHQ peut même, à distance, perturber le fonctionnement d'un téléphone de sorte que son utilisateur soit contraint de le redémarrer avec ses codes d'accès : les services britanniques interceptent du même coup ses identifiants.

Une fixation constante

Le GCHQ et la NSA ont baptisé leurs opérations de mise sous surveillance des communications en avion de doux noms d'oiseaux, « Pie voleuse » et « Pigeon voyageur », comme cela a été évoqué par Glenn Greenwald, journaliste américain, dans son ouvrage *Nulle part où se cacher* (JC Lattès, 2014). Ce dernier a été le dépositaire avec

Laura Poitras des documents Snowden. Ils sont tous deux cofondateurs du site d'information The Intercept.

La lecture attentive de la présentation de ces opérations ainsi que celle d'autres pièces inédites des archives Snowden, consultées par *Le Monde* en collaboration avec The Intercept, sur la surveillance entre 2005 et 2013 des avions et de leurs passagers dans le monde entier, prouvent que la compagnie Air France a été très tôt au cœur de l'attention de ces deux pays amis, les États-Unis et la Grande-Bretagne.

La cible Air France apparaît dès 2005 dans un document de la NSA fixant les grandes lignes du projet de «traque des avions civils dans le monde entier». Daté du 5 juillet et signé par le numéro deux de l'une des principales directions de la NSA, chargée du renseignement d'origine électromagnétique (Signals Intelligence Directorate, SID), ce mémo de treize pages recense sous forme chronologique et détaillée les principales étapes de ce programme pensé pour éviter «un nouveau 11-Septembre». On peut lire que, dès la fin 2003, «la CIA considère que les vols Air France et Air Mexico sont des cibles potentielles des terroristes». Le service juridique de la NSA précise alors «qu'il n'y a aucun problème légal pour cibler les avions de ces deux compagnies à l'étranger» et qu' «ils devraient être sous la plus haute surveillance dès qu'ils entrent dans l'espace aérien américain». Dès février 2005, ces mêmes juristes insistent sur la procédure légale à suivre, «en particulier pour la collecte des communications à bord des avions».

La désignation d'Air France comme risque majeur pour les intérêts et le territoire américains ne relève pas d'une simple hypothèse de quelques techniciens-espions de la NSA. Plusieurs autorités chargées de la sécurité du pays ont été informées du «danger» représenté par la compagnie française. Le mémo de la NSA est, en effet, adressé à une vingtaine de destinataires, dont le commandement de la défense aérienne de l'Amérique du Nord, la CIA, le département Homeland Security (la sécurité intérieure), l'Agence de renseignement spatial, l'Agence de renseignement de la défense ou encore l'état-major de l'armée de l'air. Cette fixation sur Air France sera constante au fil des années qui vont suivre.

Prises de guerre

Tout d'abord pour des raisons techniques. Le premier test de l'utilisation d'un smartphone en plein ciel a d'ailleurs été effectué à bord du vol AF 1046 d'Air France, le 17 décembre 2007, sur une liaison Paris-Varsovie. « On a commencé tôt, confirme au *Monde* la direction d'Air France, mais, depuis, on n'a pas cessé de faire des tests, aujourd'hui, on s'apprête, comme les autres compagnies, à passer directement au Wi-Fi à bord. » Ces retards de mise en service de nouveaux moyens de communication en vol vont, sans qu'ils le sachent, préserver les passagers de la compagnie française. Car si Air France a été ciblée très tôt par les services secrets anglo-saxons, la très longue période de tests va l'exclure de la liste des premières surveillances de communications en plein ciel déployées par la NSA et le GCHQ.

En 2012, le GCHQ note ainsi que vingt-sept compagnies ont déjà permis aux passagers d'utiliser un téléphone portable ou sont sur le point de le faire, surtout pour les premières classes et les classes affaires des vols long-courriers. Parmi elles, British Airways (seulement data et SMS), Hongkong Airways, Aeroflot, Etihad, Emirates, Singapore Airlines, Turkish Airlines, Cathay Pacific ou encore Lufthansa. Air France reste, pour sa part, un tel symbole de la surveillance des communications en avion que, dans ce même mémo, les services britanniques utilisent un croquis pleine page de l'un de ses avions pour illustrer le fonctionnement de l'interception en vol.

Pour prouver leur savoir-faire, le GCHQ et la NSA fournissent enfin dans leurs documents internes les exemples d'interceptions de communications à bord de vols commerciaux. On trouve ainsi les relevés, le 23 mars 2012, à 13 h 56, du vol Etihad ETD 8271 des Émirats arabes unis, entre JFK et Denver, du Nice-Moscou du 20 mai 2011 (Aeroflot) ou encore, la même année, du Milan-Doha (de Qatar Airways), du Athènes-Doha (toujours de Qatar Airways), du Jeddah-Le Caire (de la Saudi Airlines) ou du Paris-Mascate (d'Oman Air).

La collecte concerne également des BlackBerry dont les codes PIN et les adresses e-mails sont identifiés dans un avion, le 2 janvier 2012 à 10 h 23, sans que l'on connaisse sa destination et le nom de la compagnie. Les prises de guerre sont fièrement annoncées : voix, data, SMS, Webmail, Webchat, réseaux sociaux (Facebook, Twitter, etc.), Travel Apps, Google Maps, Currency Converters, Media, VOIP, BitTorrent ou Skype.

Au cours de leurs exercices d'intrusion, les services secrets britanniques découvrent, un peu surpris, qu'ils ne sont pas les seuls intéressés par ces communications en vol. Ils notent que la compagnie russe Aeroflot a mis en place un système de connexion spécifique pour les GSM à bord de ses appareils, « sans doute pour procéder à des interceptions… », glissent-ils dans une note technique.

Aucune limite à la surveillance

Aujourd'hui, près d'une centaine de compagnies permettent de téléphoner en avion. « Les clients estiment désormais normal, voire nécessaire, de rester connecté en vol », assure, pour sa part, la direction d'Air France. Les autorités en matière de sécurité aérienne ont toutes validé l'utilisation des GSM à bord des avions et les experts estiment que 2016, 2017 et 2018 seront les années historiques du portable en vol, notamment par l'installation pérenne du Wi-Fi en plein ciel. De quoi étendre encore l'ampleur de l'espionnage en visant «plusieurs centaines de milliers de personnes» à surveiller, selon les projections de la NSA, soit un périmètre qui dépasse de loin les seules cibles reliées au terrorisme. L'espionnage politique ou économique des passagers en première classe ou en classe affaires sur des long-courriers intéresse d'ailleurs bien davantage les services.

La surveillance, elle, n'a aucune limite et chaque nouveauté est un défi technique qui paraît vite relevé. Les services semblent en être même un peu blasés. Les techniciens-espions de la NSA, dans une note interne de 2010, avaient même déjà la tête ailleurs : «Quel sera le prochain terrain d'expérimentation ? Les trains ? Il faudra qu'on regarde ça…»

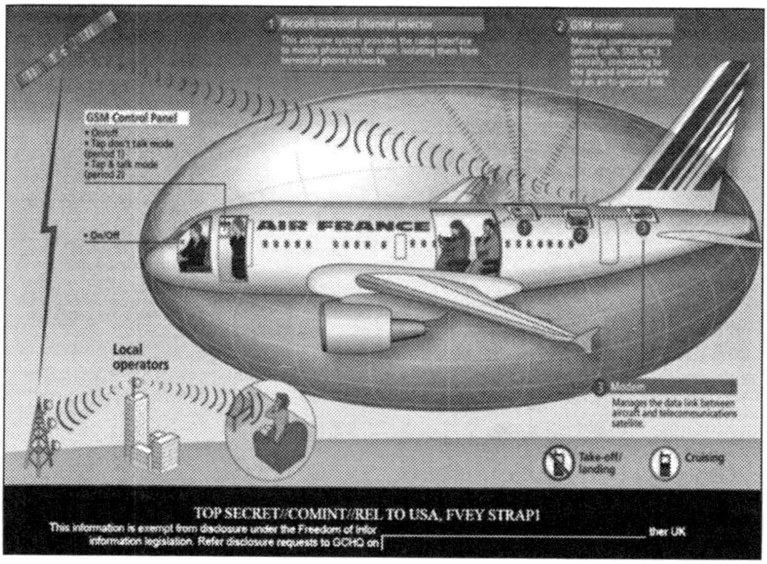

Document extrait des archives de la NASA,
transmis au *Monde* par Edward Snowden.

26 octobre 2013

Comment Paris a soupçonné la NSA d'avoir piraté l'Élysée

Selon une note interne de la NSA, Paris lui a demandé des comptes après l'attaque informatique de 2012 contre l'Élysée.

La création en dix ans, par les États-Unis, d'un système d'espionnage électronique sans précédent à travers le monde a provoqué des tensions avec des pays pourtant considérés comme des alliés historiques comme la France. L'examen, par *Le Monde*, de documents inédits de l'Agence de sécurité nationale américaine (NSA), chargée de cette guerre de l'ombre dans l'univers du numérique et des communications, atteste des tensions et de la méfiance qui existent entre Paris et Washington.

C'est une note interne de la NSA de quatre pages dévoilée par Edward Snowden, l'ex-consultant de cette agence, et frappée du plus haut degré de confidentialité « top secret ». Adressée à la direction de l'agence par le service chargé des relations extérieures, elle fixe les grandes lignes de la visite, le 12 avril, de deux hauts responsables français. L'objet du déplacement : l'attaque informatique qui a visé, en mai 2012, la présidence de la République française. La note mentionne que Bernard Barbier, directeur technique de la DGSE (services secrets extérieurs français) et Patrick Pailloux, directeur de l'Agence nationale de la sécurité des systèmes d'information (Anssi), viennent demander des comptes à leurs homologues américains qu'ils suspectent d'être derrière ce piratage.

Ces quatre pages mêlent des considérations d'organisation au résultat d'une enquête sur le bien-fondé des griefs des Français. On y apprend qu'aucun des services capables de conduire ce type d'offensive électronique au sein du renseignement américain (NSA ou CIA) ou parmi ses proches amis du deuxième cercle (Britanniques ou Canadiens) ne serait responsable de cette opération hostile à l'Élysée. Au terme de son tour d'horizon, où chaque mot est pesé, le rédacteur précise qu'au cours des recherches la NSA a «volontairement évité de demander au Mossad et à l'ISNU [la direction technique des services israéliens] s'ils étaient impliqués» dans cette opération d'espionnage contre la tête du pouvoir français.

Cette affaire remonte à mai 2012, entre les deux tours de l'élection présidentielle. Les équipes de Nicolas Sarkozy sont encore présentes à l'Élysée. Comme le quotidien régional *Le Télégramme de Brest* l'a révélé, des systèmes de sécurité vont détecter la présence de bretelles de dérivation permettant de capter les informations de la présidence et des mécanismes de piratage des ordinateurs des principaux collaborateurs du chef de l'État. «L'attaque ne relevait pas de l'acte de sabotage destiné à être rendu public, mais de la volonté de s'installer à demeure sans se faire voir au cœur de la présidence», explique un expert intervenu sur l'incident.

En novembre 2012, *L'Express* publie un article désignant les Américains comme les commanditaires de l'attaque. La tension monte alors entre les deux capitales. Au mois de janvier, lors d'un passage à Paris, le général Keith Alexander, le patron de la NSA, doit répondre à la DGSE et à l'Anssi, qui s'interrogent sur la responsabilité de son agence. La direction des relations extérieures de la NSA précise, dans la note préparatoire à la visite du 12 avril, qu'à « aucun moment la DGSE ou l'Anssi ne l'avaient informée de leur intention de questionner le général Alexander sur ce sujet ».

Pour tenter ou faire mine de prouver sa bonne foi, la NSA prévoit alors d'envoyer en mars en France deux analystes du NTOC (le centre de crise de la NSA) pour aider les Français à identifier l'agresseur. La veille de leur départ, la France annule leur déplacement et durcit le ton en exigeant que MM. Barbier et Pailloux soient reçus à la NSA le 12 avril. Le document interne de la NSA relève que les Français n'ont jamais transmis les éléments dont ils pouvaient disposer sur l'éventuelle responsabilité américaine. « Sans doute pour examiner la réaction de la NSA lorsqu'ils soumettront leurs éléments », émet la note comme hypothèse.

C'est au chapitre « pièges potentiels » et « autre information » du document qu'apparaît le détail des recherches de la NSA sur cette affaire. L'auteur de la note livre à ses supérieurs l'état de la connaissance de l'agence pour faire face aux accusations françaises. On peut lire ainsi que le service TAO (Tailored Access Operations), qui gère et conduit les cyberattaques de la NSA à travers le monde, a confirmé qu'il ne s'agissait pas de l'une de ses opérations. Le document précise que « TAO a demandé à la plupart des plus proches partenaires de la NSA au sein des premier et deuxième cercles [CIA, GCHQ (services secrets britanniques) et CSEC (services canadiens) étaient les principaux suspects] s'ils étaient impliqués, et tous ont démenti leur implication ». Le premier cercle comprend les seize agences de renseignement américain, le deuxième ajoute le Royaume-Uni, le Canada, l'Australie et la Nouvelle-Zélande et le troisième intègre des pays comme la France ou l'Allemagne.

Pour compléter l'information des chefs de la NSA, la note prend la peine d'ajouter que le Mossad et l'ISNU, également en mesure de mener ce type d'attaque, n'ont, «volontairement», pas été questionnés sur cette affaire. Pour justifier cette retenue, le rédacteur avance, de manière laconique, que «la France n'est pas une cible commune à Israël et aux États-Unis». La NSA ne dit pas que le Mossad a mené l'attaque, mais semble néanmoins considérer comme nécessaire le besoin de mentionner l'existence d'un doute raisonnable à l'encontre de l'État juif.

La grande proximité entre Washington et Jérusalem sur le terrain du renseignement n'exclut pas une part de méfiance. Dans un document daté de 2008, publié par le *Guardian*, un haut responsable de la NSA évoque l'agressivité des services israéliens à l'égard des États-Unis : «D'un côté, les Israéliens sont d'excellents partenaires en termes de partage de renseignements, mais d'un autre côté, ils nous visent pour connaître nos positions sur le Proche-Orient. [...] C'est le troisième service secret le plus agressif au monde contre les États-Unis.» Le document ne précise pas qui sont les deux autres.

Quant aux relations entre les services secrets français et israéliens, elles sont étroites et régulières sur le Proche-Orient, notamment sur la Syrie ces derniers temps. Mais la confiance est parfois entamée par une activité assez intense du renseignement israélien sur le sol français. Le monde arabe et africain y transite, et selon un membre de la DCRI, le contre-espionnage français, son service s'est même plaint auprès du Mossad après avoir constaté qu'il avait utilisé un hôtel parisien comme l'une des bases de l'opération ayant conduit à l'assassinat, en janvier 2010, à Dubaï, de l'un des responsables militaires du Hamas, le mouvement islamiste palestinien.

Interrogé par *Le Monde* sur les éléments contenus dans la note de la NSA, le bureau du Premier ministre israélien a affirmé qu' « Israël est un pays ami, allié et partenaire de la France et ne gère aucune activité hostile qui pourrait porter atteinte à sa sécurité ». Également contactées, la DGSE et l'Anssi se sont refusées à tout commentaire, sans pour autant démentir le déplacement du 12 avril à la NSA. À l'Élysée, le coordonnateur national au renseignement, Alain Zabulon, n'a pas souhaité répondre à nos questions. Les autorités américaines ont indiqué que les activités de ses services de renseignement étaient « menées conformément à la loi ».

TOP SECRET//SI//NOFORN

VISIT PRÉCIS

BERNARD BARBIER
(PHONETIC: bear-NAR bar-BYAY)
Technical Director
Directorate for External Security (DGSE), France

PATRICK PAILLOUX
(PHONETIC: pah-TREEK pie-YOO)
Director
National Information Systems Security (ANSSI), France

12 April 2013

Guests Arrive at GH2B: 1030
Technical Presentation and Discussions: (1045-1215)
D/DIR-Hosted Lunch: (1215-1300)
NSOC Courtesy Call: (1300-1330)
NTOC Courtesy Call: (1330-1430)
DIRNSA Courtesy Call: (1430-1500)
Accompanying Senior: [redacted]

(U) BACKGROUND:

- (TS//SI//NF) Mr. Barbier and Mr. Patrick Pailloux will travel to NSA on 12 April 2013 to share information regarding May 2012 cyber attacks on the French Presidential network.

(U) POTENTIAL LANDMINES:

- (TS//SI//NF) There is a chance that helping attribute the cyber attacks against the French Presidential network may reveal a U.S. ally is responsible.

(U) OTHER INFORMATION:

- (TS//SI//NF) TAO confirmed that this was not a TAO operation. TAO asked most of NSA's close 1st/2nd Party Partners whether they were involved (CIA, GCHQ, and CSEC were the mostly likely suspects); everyone has denied involvement. TAO intentionally did not ask either Mossad or ISNU whether they were involved as France is not an approved target for joint discussion.

(U) NSA/CSS REQUESTED:

- (S//REL TO USA, FRA) Technical data associated with the cyber attacks against the French Presidential network. To date, no advance information has been shared with NSA.

5 septembre 2016

Les confessions d'un maître de l'espionnage

Bernard Barbier, personnage clé de la DGSE pendant dix ans, a levé le voile sur plusieurs secrets d'État.

C'est une intrusion inespérée dans un monde interdit aux regards extérieurs, celui du renseignement et des guerres secrètes. Face aux élèves de l'école d'ingénieurs CentraleSupélec, dont il est issu, Bernard Barbier, l'un des personnages les plus importants de l'espionnage français des dix dernières années, a levé le voile sur des mystères qu'on pensait insolubles. Au cours de cette causerie, il a ainsi fait œuvre de transparence sur certaines des principales affaires d'espionnage récentes ayant touché la France. Il a brisé des tabous, notamment en relatant l'attaque chinoise sur Areva et en confirmant la responsabilité de la France derrière une attaque informatique mondiale détectée par les services canadiens.

M. Barbier, qui fut de 2006 à 2014 l'homologue du directeur de l'Agence nationale de sécurité américaine (NSA), en tant que chef de la direction technique de la Direction générale de la sécurité extérieure, a commencé sa carrière au Commissariat à l'énergie atomique (CEA). Au sein de la DGSE, il obtient, en 2008, une enveloppe de 500 millions d'euros et 800 nouveaux postes pour l'une des plus formidables révolutions du renseignement français : créer un système de collecte massive de données replaçant la France dans la course à l'espionnage moderne.

De façon surprenante, le contenu de son intervention, faite en juin sur le campus de l'école à Châtenay-Malabry (Hauts-de-Seine) et dont nous avons pu consulter l'enregistrement filmé, n'a eu aucun écho public. En revanche, le milieu du renseignement et sa principale figure, Bernard Bajolet, le chef de la DGSE, ont eu tout l'été pour s'offusquer de ces déclarations qui montrent, sans doute, que les vrais secrets ne sont peut-être pas là où l'on croit. Extraits choisis.

L'attaque informatique contre l'Élysée en 2012

À ce jour, il ne s'agissait que de soupçons. Les Américains auraient pu jouer un rôle dans le piratage, découvert entre les deux tours de l'élection présidentielle, en mai 2012, des ordinateurs des collaborateurs du chef de l'État français, alors Nicolas Sarkozy. Une note interne de la NSA, dévoilée par *Le Monde* en 2013 et préparant la visite, le 12 avril 2013, de deux hauts responsables français, dont M. Barbier, venus demander des comptes aux Américains, orientait plutôt les soupçons vers les services secrets israéliens…

« Le responsable de la sécurité informatique de l'Élysée était un ancien de ma direction à la DGSE, relate M. Barbier. Il nous a demandé de l'aide. On a vu qu'il y avait un "malware" [logiciel malveillant] qui avait une signature identique à celui que nous avions identifié lors d'une attaque contre la Communauté européenne en 2010. Il n'y avait que les Américains et les Russes qui avaient pu faire cette première opération. En 2012, nous avions davantage de moyens et de puissance techniques pour travailler sur les métadonnées. J'en suis venu à la conclusion que cela ne pouvait être que les États-Unis.

Ce malware avait aussi attaqué d'autres pays avec une méthode révolutionnaire qu'a révélée, en 2013, Edward Snowden : la "quantum attack". Quelqu'un de l'Élysée allait sur Facebook, mais au lieu d'aller directement sur le serveur du réseau social, cette consultation était interceptée par une machine de la NSA qui répondait à la place de Facebook [...], lui permettant d'entrer dans votre ordinateur. Ce malware trouvait la faille et permettait de prendre le contrôle de votre ordinateur.

J'ai reçu l'ordre du successeur de M. Sarkozy d'aller aux États-Unis les engueuler. Ce fut le 12 avril 2013 et ce fut vraiment un grand moment de ma carrière professionnelle. On était sûrs que c'était eux. À la fin de la réunion, Keith Alexander [directeur de la NSA de 2005 à 2014] n'était pas content. Alors que nous étions dans le bus, il me dit qu'il est déçu car il pensait que jamais on ne les détecterait. Et il ajoute : "Vous êtes quand même bons." Les grands alliés, on ne les espionnait pas. Le fait que les Américains cassent cette règle, ça a été un choc.

Quand *Le Monde* s'apprêtait à publier le document interne de la NSA préparant notre visite du 12 avril 2013, j'ai demandé à mon correspondant de la NSA à Paris de m'en donner une copie. Il me répond qu'il ne peut pas, car le niveau de secret de la note est tel que seul le président Obama peut le déclassifier. J'ai réagi en disant que 10 millions de Français allaient lire cette note alors que je n'y ai pas accès. Je l'ai finalement eue un jour avant sa publication. »

«Babar» ou la fin d'un secret d'État

En 2013, *Le Monde* publie une note dévoilée par Edward Snowden révélant que les services secrets canadiens suspectent leurs homologues français d'être derrière une vaste opération de piratage informatique lancée en 2009. Si l'attaque vise une demi-douzaine d'institutions iraniennes liées au programme nucléaire de ce pays, elle cible également le Canada, l'Espagne, la Grèce, la Norvège, la Côte-d'Ivoire, l'Algérie et même certains objectifs en France. Sur ses auteurs, les Canadiens restaient flous : «Nous estimons, avec un degré modéré de certitude, qu'il s'agit d'une opération sur des réseaux informatiques soutenue par un État et mise en œuvre par une agence française de renseignement.» Du côté français, silence absolu. Paris admet s'être doté de capacités défensives, mais dément toute activité offensive, un tabou. Jusqu'au récit de M. Barbier.

«Les Canadiens ont fait du "reverse" [remonter la trace informatique] sur un malware qu'ils avaient détecté. Ils ont retrouvé le programmeur [le codeur] qui avait surnommé son malware "Babar" et avait signé "Titi". Ils en ont conclu qu'il était français. Et effectivement, c'était un Français [...]. On a franchi un seuil énorme entre 1990 et 1995 quand on a acheté un supercalculateur américain Cray. On s'est aperçu qu'avec une très grande puissance de calcul, on pouvait casser les mots de passe.

On a commencé à faire du hacking en 1992. J'ai monté les premières équipes de hacking étatique, les premiers soldats de la cyberarmée française. Les meilleurs n'ont pas de formation universitaire. Ce n'est pas un problème de connaissance, c'est un problème de cerveau. C'est quelqu'un qui, à partir de 15-16 ans, a commencé à bidouiller. Il va trouver des choses et donc des failles. Aujourd'hui, ce n'est pas 100 personnes qu'il faudrait recruter, il en faut 200 à 300.»

La fusion de la DGSE et de son homologue allemand, le BND

M. Barbier ne s'est pas contenté de relater des opérations. Il a également évoqué la frilosité du pouvoir politique face à ses propositions visant à répondre plus efficacement aux nouvelles menaces, et notamment son projet audacieux esquissant un embryon de renseignement européen.

« Il est impossible de construire un seul service de renseignement européen avec vingt-huit pays qui n'ont pas les mêmes moyens ni la même culture. Les meilleurs, par rapport à leur nombre d'habitants, ce sont les Suédois. Les Italiens sont mauvais. Les Espagnols sont un peu mieux, mais n'ont pas de moyens. Et les Britanniques, avec 6 500 agents au sein du GCHQ [le renseignement électronique britannique], sont forts, mais sont-ils européens ? Et la France est la première force de renseignement technique en Europe continentale.

Restent les Allemands, qui sont de solides partenaires. J'ai beaucoup travaillé avec eux, à la fois en transmettant notre savoir-faire mais aussi en leur apportant des moyens techniques. Les ingénieurs allemands et français travaillent très bien ensemble. En revanche, l'ingénieur britannique avec l'ingénieur français, c'est compliqué.

Pour être plus efficaces, j'ai dit aux politiques en France qu'il fallait fusionner le BND allemand et la DGSE. C'est la seule solution. Cela ferait un service de 15 000 personnes. La NSA compte 60 000 personnes, et la direction technique de la DGSE, seule, c'est 3 000 agents. Mais les politiques français n'ont jamais donné suite. »

Une révolution dans le secret de la DGSE

Au cours de son exposé, Bernard Barbier a illustré le rôle primordial joué désormais par la direction technique dans la lutte contre les milieux djihadistes et l'espionnage moderne.

« Pour avoir du renseignement humain sur les réseaux djihadistes, c'est quasiment impossible. Leurs membres [de ces réseaux] ne travaillent qu'avec des gens qu'ils connaissent. Dans la direction, on était déjà bien conscient en 2012 que des Français voulaient revenir faire le djihad en France. À plusieurs reprises, en 2013, mes équipes m'avaient déjà fait écouter des interceptions de Français de Syrie parlant à leur famille ou à des proches, en évoquant clairement leur projet de venir en France [...].

J'ai réussi à convaincre le Service Action de travailler avec ma direction technique lors d'une première opération conjointe en juillet 2010 sur une équipe qui voulait faire sauter l'ambassade de France à Nouakchott, en Mauritanie. On a montré aux militaires que, grâce aux satellites, on pouvait faire une maquette 3D de leur lieu d'intervention [le campement djihadiste] au milieu de dunes, et donc leur permettre de choisir virtuellement leur chemin. Ils les ont éliminés à leur réveil.

Cette collaboration a été une vraie révolution au sein de la DGSE. Pour moi, en tant qu'ingénieur, c'était fondamental. Pour les commandos, faire venir des gens d'autres services avec eux, c'était une révolution. Car leur règle absolue, c'est : "Je fais tout moi-même." En guise de remerciement pour le succès de l'opération, le chef du Service Action m'a offert une des kalachnikovs prises aux djihadistes. »

Snowden, un traître qui « nous a plutôt aidés »

Enfin, interrogé sur le lanceur d'alerte le plus connu de l'histoire du renseignement, M. Barbier a apporté une nuance inattendue au discours officiel tenu habituellement sur Edward Snowden, soulignant les services rendus à la France. « Pour moi, Snowden est un traître à son pays, mais il n'a rien à voir avec Julian Assange [fondateur de WikiLeaks]. Les Américains ont fait de Snowden, contractuel extérieur de la NSA, un administrateur système. Alors que ceux qui font ce métier à la DGSE sont des fonctionnaires qui ont entre quinze et vingt ans d'ancienneté. La probabilité d'avoir un Snowden en France est très faible. Snowden a montré que l'espionnage entre alliés existait et que le matériel était piraté par les Américains comme celui vendu par l'entreprise Cisco, ce qui pose un problème d'indépendance pour la technologie. À ce titre, Snowden nous a plutôt aidés. »

13 avril 2016

Les moyens de la DGSE détournés pour un règlement de comptes politique en France

Le téléphone et les mails de Thierry Solère, concurrent de Claude Guéant lors des législatives de 2012, ont été espionnés.

Thierry Solère était dans une situation pour le moins difficile en 2012. Premier adjoint à Boulogne-Billancourt, dans les Hauts-de-Seine, il avait été démis de son mandat à cause d'un vif désaccord avec le député et maire Pierre-Christophe Baguet. Lorsque celui-ci décide de ne pas se représenter aux élections législatives, Thierry Solère tente sa chance. Contre Claude Guéant, à la fois ancien ministre de l'Intérieur, soutenu par l'ancien maire, et investi par l'UMP. Thierry Solère est alors exclu de l'UMP mais bat de justesse l'ex-ministre en juin 2012. Défait, Claude Guéant dénonce «les mensonges» de son rival et «les procédés peu républicains».

Le Monde a pu établir que, quelques mois plus tôt, des moyens de la Direction générale de la sécurité extérieure ont été utilisés, hors de tout contrôle, à des fins politiques pour surveiller M. Solère, candidat dissident, et tenter de le déstabiliser. En vain. Depuis, député de la 9e circonscription des Hauts-de-Seine et vice-président du conseil régional d'Île-de-France, Thierry Solère est devenu, à droite, un personnage incontournable, chargé d'organiser la primaire des Républicains pour désigner le candidat à l'élection présidentielle de 2017. Et il juge à son tour cette surveillance clandestine, avec les moyens de l'État, peu républicaine.

Dérives

Selon nos informations, ses téléphones et son adresse Internet ont été espionnés dès son exclusion de l'UMP, le 20 mars 2012. Cette surveillance technique, visiblement ordonnée de l'extérieur de la DGSE et réalisée par un complice au sein de ce service de renseignement, n'a été interrompue qu'après la découverte fortuite de son existence par la direction technique de la DGSE. La « surveillance technique » des données de Thierry Solère a laissé des traces. Des membres de la direction technique de la DGSE en ont eu connaissance. « Par prudence », dit l'un d'eux, les preuves des recherches informatiques ont été conservées. Depuis 2008, la direction technique des services travaille en effet avec un outil puissant, qui permet à la DGSE, comme la NSA américaine, de collecter en masse et de stocker des données de communications. Seule maîtresse de sa conception et de son développement, la direction technique a les moyens de remonter la piste de toutes les requêtes.

« On a découvert par hasard la surveillance sur Thierry Solère, explique un ancien membre de la direction technique. Mais l'enjeu, pour nous, dépassait ce seul cas individuel : il fallait protéger cet outil, en danger si l'on s'apercevait qu'il était utilisé à ces fins. » À cette époque, la direction technique a déjà pris conscience des dérives. Elle est en effet engagée dans un bras de fer interne sur l'usage que font quotidiennement des ordinateurs les 400 à 500 officiers de la direction du renseignement qui interceptent les communications de Français – ce qui leur est interdit.

L'alerte a été donnée après la découverte, quelques semaines plus tôt, de la surveillance d'un cadre du Commissariat à l'énergie atomique – par malchance un ancien collègue du directeur technique de la DGSE, Bernard Barbier. «On savait qu'ils se connaissaient. On a prévenu le patron qui a convoqué l'officier de la direction du renseignement», se souvient l'un des agents. Indignée par cet écart, la direction technique fait cesser l'interception sauvage sur le cadre du CEA. Et entreprend discrètement une recherche sur les autres surveillances. C'est ainsi qu'elle tombe sur Thierry Solère.

Ces désaccords internes à la DGSE ont donné lieu à de vives tensions. La direction du renseignement jure qu'elle a besoin de cette liberté de manœuvre. Pascal Fourré, le magistrat attaché à la DGSE, prend parti pour la direction technique, et milite aussi pour que ces interceptions sur les citoyens français ne puissent plus être faites «en premier rang», c'est-à-dire sans être soumises à la Commission nationale de contrôle des interceptions de sécurité (CNCIS). Erard Corbin de Mangoux, directeur de la DGSE, tranche en faveur de la direction technique et de M. Fourré. À la fin de l'été 2012, l'unité informatique centrale de la direction technique est équipée de filtres censés empêcher d'inscrire des identifiants français «en premier rang».

L'arrêt de la collecte de données personnelles n'a pas mis fin pour autant à la volonté de nuire à M. Solère. Toujours au printemps 2012, un haut hiérarque de la DGSE a, en effet, convoqué un lieutenant-colonel, chef du service des «chambres d'hôtel» – spécialisé dans le vol d'informations étrangères sur le territoire français – pour lui demander «un service». Il s'agissait de «prendre en compte un opposant politique à un maire de droite dans les Hauts-de-Seine». Pour les services, «prendre en compte» signifie procéder à une surveillance physique et technique. La démarche était suffisamment inhabituelle pour que le militaire insiste pour que l'objet de la requête soit reformulé devant son supérieur direct. Le haut responsable n'a pas insisté. On ne lui a pas dit qui il fallait espionner, mais il n'était pas difficile de faire le lien avec le conflit public de M. Solère et M. Guéant à Boulogne-Billancourt.

À cette époque, la tension est à son comble. Claude Guéant, alors ministre de l'Intérieur, avait annoncé le 26 décembre 2011 qu'il était candidat. «Ce jour-là, se souvient M. Solère, il m'a téléphoné pour qu'on se voie. Il savait que je voulais me présenter. Le rendez-vous a eu lieu au ministère le 4 janvier en présence d'Hugues Moutouh, son conseiller police et services de renseignement.» La rencontre est tendue. «Ils m'ont fait comprendre que si je me retirais, je pourrais y trouver mon compte, ce qui était pour moi hors de propos.» Interrogé, Hugues Moutouh justifie sa présence par «la réputation sulfureuse de M. Solère». «Dans ce genre de cas, il faut un témoin, ajoute-t-il. Nous voulions savoir s'il voulait faire du chantage.» M. Moutouh, qui travaille aujourd'hui pour le groupe Guy Dauphin Environnement, n'a pas fourni plus de précisions.

Claude Guéant, de son côté, nie toute connaissance de cette affaire : «Cela ne me dit strictement rien, et c'est opposé à mes principes. Jamais je n'ai fait de demande en ce sens à qui que ce soit. J'étais ministre de l'Intérieur et à ce titre je n'avais aucune autorité sur la DGSE.» L'ancien directeur de la DGSE, Erard Corbin de Mangoux, aujourd'hui conseiller maître à la Cour des comptes, a qualifié de «hautement fantaisistes» ces informations, avant d'ajouter : «Je n'ai jamais reçu d'ordre pour enquêter sur M. Thierry Solère et je n'ai jamais agi sous une quelconque pression politique à cette période.»

Enfin, M. Moutouh dément tout rôle dans cette affaire et estime que «l'utilisation des moyens de la DGSE pour aider M. Guéant contre M. Solère n'aurait pas été acceptable». Il ajoute cependant : «sur le terrain des principes, gardons à l'esprit que l'État doit se prémunir contre les atteintes à sa sûreté et protéger son plus haut représentant, le président de la République. Or M. Solère était alors très proche de l'un des fils de Nicolas Sarkozy, il n'est pas anormal de veiller à ce que les entourages du pouvoir soient hors de tout soupçon».

[L'enquête sur des soupçons de surveillance par la DGSE de Thierry Solère (LR), lors de la campagne des législatives en 2012, a été classée sans suite par le parquet de Paris, vendredi 2 décembre 2016. «Les investigations [...] n'ont démontré l'existence d'aucune surveillance technique de Thierry Solère», a indiqué le parquet. Une enquête préliminaire avait été ouverte le 13 avril 2016. AFP]

26 octobre 2015

Sabrina de Sousa : « De nombreux pays se méfient désormais de la CIA »

Une ex-espionne américaine dénonce les enlèvements illégaux systématisés par les États-Unis après le 11-Septembre.

L'ex-espionne américaine Sabrina de Sousa, aujourd'hui réfugiée au Portugal, dénonce les mensonges de son pays et de l'Italie dans l'affaire de l'enlèvement par la CIA, à Milan en 2003, d'un imam égyptien. Définitivement condamnée par contumace à sept ans de prison en mars 2014 avec vingt-cinq autres agents de la CIA par la justice milanaise, elle proteste de son innocence et livre, pour la première fois, un témoignage de l'intérieur sur le programme secret des « transferts extrajudiciaires ».

Les attentats du 11 septembre 2001 ont marqué une rupture profonde en matière de lutte contre le terrorisme aux États-Unis et ouvert une guerre sans frontières. Comment avez-vous vécu ce basculement alors que vous étiez en poste en Italie pour la CIA ?

Avant, la palette des sujets était large. Après le 11-Septembre, puis la guerre en Irak, en 2003, tout a été focalisé sur le terrorisme. Le mot d'ordre de Langley [siège de la CIA] et de la Maison Blanche, c'était «sortez et allez chercher [ceux qui ont fait ça]». Certains programmes secrets de la CIA sont nés à cette époque. D'autres, comme celui des «transferts extrajudiciaires» [l'enlèvement et le transfert par la CIA de ressortissants étrangers vers des centres de détention secrets dans des pays tiers] existaient avant le 11-Septembre. Mais après, ils ont pris une ampleur sans précédent.

Comment ces programmes secrets ont-ils été perçus au sein de la CIA?

Ceux qui ont posé des questions sur leur légalité n'étaient souvent pas ceux qui les mettaient en pratique. Ceux qui étaient dans le programme des transferts extrajudiciaires pensaient agir en toute légalité et être couverts par la hiérarchie et le pouvoir politique.

En Italie, pour ces transferts, tout a commencé vers octobre-novembre 2001. Jeffrey Castelli, le chef de poste de la CIA, en a parlé à Nicolo Pollari, alors directeur des services de renseignement militaire italien (Sismi). Dans le passé, disait-il, la CIA avait déjà utilisé ces méthodes avec le Sismi pour lutter contre les Brigades rouges. Des personnes avaient été enlevées et mises au secret. Cette fois-ci, il s'agissait d'islamistes radicaux.

La CIA et le Sismi travaillaient donc main dans la main?

Vers le printemps 2002, Castelli a présenté à Pollari une liste de cibles. L'imam égyptien Abou Omar n'était qu'un nom parmi dix autres, et pas le plus important. Rien ne justifiait qu'on l'enlève. Il faisait l'objet, depuis deux ans, d'une surveillance de la Digos (police antiterroriste italienne). Nous étions en relation avec la Digos à Milan et si nous voulions faire quelque chose, on aurait pu le faire sur le sol italien. Seul Castelli considérait qu'il représentait une menace immédiate. Lors du procès qui a suivi cette affaire, en Italie, Pollari a persisté à dire qu'il avait refusé de participer aux transferts extrajudiciaires faute de cadre légal en Italie et que Castelli avait répondu qu'il le ferait sans le Sismi.

En réalité, l'Italie a-t-elle été pleinement associée à cette opération ?

L'enlèvement d'Abou Omar, le 17 février 2003, et son exfiltration vers les geôles égyptiennes n'auraient jamais pu se faire sans la présence sur le terrain de Luciano Pironi, l'un des deux carabiniers italiens qui l'ont intercepté dans la rue, à Milan. Je peux vous révéler qu'il a été l'un des informateurs de la CIA pendant une dizaine d'années. Il était traité par Robert Lady, mon supérieur direct, à Milan. Bob a supervisé l'opération en faisant le lien avec Pironi et avec la Digos et le Sismi à Milan.

En septembre 2003, Pironi a été invité à Langley pour y être récompensé pour service rendu. On lui a versé de l'argent. En 2005, quand la justice italienne commençait à devenir menaçante, la CIA lui a proposé d'être exfiltré vers les États-Unis avec sa femme et… son chien. Mais Pironi n'était pas le seul Italien sur le dispositif. Je peux vous dire qu'il était accompagné par un autre carabinier italien en qui la CIA avait assez confiance pour être intégré dans l'opération.

Si la justice italienne a pu trouver autant de traces du séjour, en Italie, des contractuels de la CIA envoyés des États-Unis, dès 2002, pour étudier la faisabilité de l'enlèvement et kidnapper Abou Omar, c'est qu'ils pensaient, avec raison, qu'ils n'avaient rien à cacher au Sismi qui les couvrait.

L'Italie est le seul pays à avoir organisé un procès pour juger ce type d'enlèvement sur son territoire. N'est-ce pas un gage de bonne foi ?

C'est un argument de façade avancé par Rome pour se dédouaner. L'Italie pense avoir assumé ses responsabilités en faisant condamner des lampistes américains pour protéger ses agents, comme Pironi et son collègue ou les directeurs du Sismi de l'époque, sans qui l'enlèvement n'aurait jamais pu être réalisé. Le déni italien est pourtant manifeste. Il s'abrite derrière le secret d'État, comme cela a encore été plaidé, en juin, par les avocats du gouvernement italien devant la Cour européenne des droits de l'homme. Pollari, l'ex-Sismi, affirme que cet interdit l'empêche de démontrer son innocence. Mais la véritable raison de ce mutisme, c'est d'éviter toute poursuite, à Rome et Washington, aux chefs qui ont rendu possible cet enlèvement. Seule l'indépendance du parquet de Milan a permis de lever une partie du voile, face à la volonté des gouvernements d'étouffer l'affaire.

Vous stigmatisez l'Italie, mais ce sont tout de même les États-Unis qui ont créé le programme des « transferts extrajudiciaires » ?

Sans la volonté de Castelli, le chef de poste de la CIA en Italie, d'utiliser cet enlèvement comme tremplin pour sa carrière, Abou Omar serait sans doute encore à Milan. Ce programme était très en vue à Langley. Castelli a même évoqué un projet d'attentat contre un bus. L'Égypte a émis un mandat d'arrêt sur la base de ces accusations, mais la Digos n'a jamais trouvé d'éléments confirmant ce projet.

Le processus de validation de ce type d'opération à la CIA est très strict, et ce d'autant plus que l'Italie est un proche allié au sein de l'Union européenne et de l'OTAN. Au-dessus de Castelli, quatre hommes ont permis l'enlèvement d'Abou Omar : Tyler Drumheller, chef de la division

Europe au sein de la direction des opérations de la CIA basé au siège à Langley, José Rodriguez, chef du contre-terrorisme à la CIA, John Rizzo, le juriste en chef de la CIA, et James Pavitt, le directeur adjoint des opérations. Lorsqu'elles étaient en fonctions, ces personnes ont autorisé l'ensemble du programme secret de transfert, de détentions et d'interrogatoires. Elles avaient le pouvoir de stopper l'opération et ont fait valider ce dossier par l'échelon supérieur. Le feu vert final a été donné par le directeur de la CIA, George Tenet, son adjoint John McLaughlin, le conseiller national à la sécurité, Condoleezza Rice, et son adjoint, Stephen Hadley, le secrétaire d'État, Colin Powell, et le secrétaire à la Défense, Donald Rumsfeld. Hadley, Rice, Powell et Rumsfeld savaient qu'on pratiquait la torture dans les pays hôtes.

Les promoteurs de ce programme disent qu'il a sauvé des vies. Son efficacité ne vous convainc pas ?

Quelle efficacité ? Abou Omar a été relâché après avoir été torturé. De plus, en s'affranchissant des règles de droit et des souverainetés nationales, la CIA a donné un argument en or à tous ceux qui combattent les États-Unis dans le monde. Washington a usé de la torture par procuration à travers l'Égypte. L'effet est le même que celui produit par les frappes de drones causant des victimes civiles. Des familles, des villages ou des communautés entières ont adhéré, d'un coup, à une cause qui leur était lointaine.

La coopération antiterroriste américano-italienne a pâti de cette affaire. La CIA considère que les autorités italiennes n'ont pas su protéger des agents américains de la justice. De son côté, le pouvoir politique italien a voulu démontrer son indépendance. La relation s'est dégradée. Avant le 11-Septembre, le monde entier voulait travailler avec nous. Désormais, de nombreux pays se méfient de la CIA. Maintenant, si des gouvernements tentent d'ouvrir des procédures contre des agents américains, Washington menace de couper tout échange d'informations.

26 octobre 2015

Le dépit d'une ex-espionne qui s'estime trahie

Sabrina de Sousa reproche à la CIA de ne pas l'avoir disculpée dans l'affaire de l'enlèvement de l'imam Abou Omar.

Élégante femme aux cheveux noirs et au regard perçant, Sabrina de Sousa ne lâche aucun mot au hasard. Cette ancienne agente de la CIA, condamnée définitivement par contumace, en Italie, en mars 2014, pour participation à l'enlèvement extrajudiciaire de l'imam Abou Omar onze ans plus tôt, sait que chacune de ses paroles peut avoir des conséquences pour sa liberté.

Un mandat d'arrêt international a été émis contre elle. Vivant désormais au Portugal, pays dont elle possède également la nationalité, elle est susceptible d'être un jour extradée vers l'Italie pour y purger sa peine de sept ans de prison ferme. «J'ai mis des années à me faire à l'idée de parler à la presse, mais je réalise maintenant que c'est le seul moyen pour moi d'attirer l'attention sur ce qui s'est réellement passé», confie-t-elle.

Plus de retour en arrière

En parlant au *Monde*, Sabrina de Sousa est la première à fournir un témoignage, de l'intérieur, sur le programme secret de la CIA en matière de «transferts extrajudiciaires». Ce dispositif encadrait l'enlèvement et le transfert de ressortissants étrangers vers des centres de détention secrets dans des pays tiers où se pratiquait souvent la torture, comme ce fut le cas pour Abou Omar vers l'Égypte.

Née à Bombay en Inde, l'ex-espionne a grandi à Goa à une époque où cette région était encore une colonie portugaise. Quand l'Inde reprend le contrôle de la région, elle reste d'abord dans ce pays, où son père dirige une petite affaire de design, à laquelle elle s'associe après une formation en Californie. La famille a alors des ramifications au Portugal, où vit notamment son oncle. Naturalisée américaine en 1985 après son mariage avec un employé d'un consulat des États-Unis en Inde, elle part ensuite vivre au Bangladesh. Son goût pour la politique et la diplomatie date de cette époque, dit-elle. Elle s'inscrit aux cours dispensés par le département d'État jusqu'au retour du couple à Washington. C'est là qu'elle intègre la CIA.

Si cette ancienne fonctionnaire parle, c'est qu'elle s'estime trahie par l'État et l'agence pour lesquels elle a longtemps travaillé. Elle a passé des années à tenter d'être lavée de tout soupçon, aux États-Unis, pour l'opération menée à Milan par la CIA contre un imam égyptien soupçonné de liens avec des organisations terroristes. L'ex-espionne a discrètement quitté son pays. Lorsqu'elle a posé le pied, le 25 avril, sur le tarmac de l'aéroport de Lisbonne, elle a su qu'il n'y aurait plus de retour en arrière. Après avoir épuisé tous les recours administratifs et judiciaires, après avoir sollicité l'aide des principales autorités de son pays, cette ancienne de la CIA a choisi de livrer sa vérité. La ligne rouge que les services de renseignement fixent à tous leurs agents était franchie : les secrets doivent rester à l'intérieur de la maison.

Après sa formation, notamment en matière de lutte antiterroriste, et un poste au siège de la CIA à Langley, en Virginie, elle est envoyée en Italie, sous couverture diplomatique, pour son premier séjour à l'étranger. Elle y reste de 1998 à 2003, à Rome puis à Milan. « Cela surprendra sans doute, mais j'ai postulé au nom du service public, de l'intérêt général. J'y ai trouvé un travail classique d'espionnage, de renseignement humain ; après 2001, les programmes secrets de transferts, de détentions et d'interrogatoires ont terni l'image de l'agence », juge-t-elle.

C'est d'Italie qu'elle a vécu les attentats du 11 septembre 2001. « Je les ai ressentis avec le regard de quelqu'un qui avait déjà une expérience dans la lutte contre les réseaux islamistes radicaux et djihadistes. Et comme beaucoup, je me disais : "Comment est-ce possible de n'avoir rien vu ? Il y avait des gens en Italie qui étaient au courant de la préparation de l'attaque. Il y a eu des signes et l'on n'a pas su les interpréter. » La proximité historique entre la CIA et les services italiens, nouée notamment au temps de la guerre froide, contre l'influence communiste, n'y a rien fait. Les informations sur Al-Qaida n'ont pas circulé ou n'ont pas été comprises.

Versée au personnel du département d'État, Sabrina de Sousa est officiellement seconde secrétaire au consulat américain de Milan lorsque Abou Omar est enlevé, le 17 février 2003, en pleine rue, alors qu'il se rend à la mosquée. Elle dit n'avoir jamais été associée à l'opération. Tout juste a-t-elle servi d'interprète en 2002, assure-t-elle, pour le compte de contractuels de la CIA venus en Italie réaliser des repérages, mais pour les seules tâches de la vie quotidienne et non pour Abou Omar.

Amertume

La procédure judiciaire italienne ouverte, fin février 2003, après l'interception par la police antiterroriste, à Milan, de communications à la mosquée relatant la disparition de l'imam, montrera qu'elle était au ski le jour de l'enlèvement. Mais la justice trouve également deux communications téléphoniques, des 23 et 29 janvier 2003, de treize et quatorze secondes, avec l'un des agents de la CIA identifiés sur le dispositif de l'enlèvement. Un courrier électronique du 24 décembre 2004, entre deux agents de la CIA à propos de l'affaire Abou Omar, mentionne également le prénom « Sabrina ».

Aux yeux de l'ex-espionne, cela ne justifie en rien d'être condamnée. Pour la justice italienne, cela montre, au contraire, qu'elle a été associée à la conception du projet. Son amertume est d'autant plus grande que les condamnations des cinq Italiens ont été annulées, le 24 février 2014, par la Cour de cassation. De plus, ajoute-t-elle, « sur la liste des agents de la CIA condamnés, une grande partie des noms sont des pseudonymes ». Une grâce a, par ailleurs, été accordée par le président italien, le 5 avril 2013, à l'officier chargé de la base américaine d'Aviano d'où a été transféré Abou Omar vers l'Égypte, *via* l'Allemagne. « Elle veut que l'on reconnaisse son innocence, c'est tout », rapporte son avocat français, Me Bourdon, qui la défend aux côtés de deux confrères portugais et italien.

Depuis son arrivée au Portugal, Sabrina a d'abord hésité à parler. Elle espérait encore l'éventuelle révision par l'Italie du mandat d'arrêt émis à son encontre par la justice italienne. Aucun signe de clémence n'est venu. Au Portugal, elle a retrouvé des parents, mais sa mère demeure toujours en Inde. Le 5 octobre, Sabrina de Sousa espérait pouvoir lui rendre visite alors que sa santé s'est dégradée. Les autorités portugaises l'ont interpellée à l'aéroport de

Lisbonne. Elle a été remise en liberté, mais ses espoirs de revoir sa mère se heurtent désormais à un mur : celui de la raison d'État et du monde des services secrets.

[Le sort de l'ex-agente de la CIA Sabrina de Sousa s'est joué le 1er mars 2017 dans un aéroport quelques minutes avant son extradition du Portugal vers l'Italie, sous escorte d'Interpol. Sur le point d'embarquer de Lisbonne pour Rome afin de purger sa condamnation pour sa participation à l'enlèvement illégal par la CIA d'un imam égyptien en 2003, à Milan, l'ancienne espionne a appris la décision de grâce partielle prise par le président italien, Sergio Mattarella. Ce dernier assure avoir pris en considération l'attitude de la condamnée, le fait que les États-Unis ont mis fin aux « transferts extrajudiciaires » et la nécessité d'équilibrer la peine par rapport à celles prononcées contre la vingtaine d'autres protagonistes de l'affaire. *Le Monde*]

Épilogue

Les enquêtes d'espionnage exhalent un parfum particulier. Elles conservent cette odeur de soufre d'un univers opaque où l'imagination vagabonde d'autant plus que tout est secret et sulfureux. Pourtant, ces affaires de l'ombre éclairent sur la marche du monde. Car, si la guerre est la continuité de la politique par d'autres moyens, selon Clausewitz, l'espionnage en est une autre forme de prolongement. Djibouti, on l'a vu, véritable nid d'espions posé sur une bande de terre de la corne de l'Afrique de l'Est, est une fenêtre exceptionnelle sur l'affrontement entre les États-Unis et la Chine sous les yeux du Japon et des Européens, dont la France en premier lieu.

Lever le voile sur ces opérations secrètes ne s'inscrit donc pas dans une logique de défiance vis-à-vis des pouvoirs ni dans une fascination à courte vue, mais bien dans une démarche de vérité. Le but est d'aider le lecteur et le citoyen à faire sa propre opinion sur la gestion des affaires du monde. Comme disait Périclès, général et figure de l'Athènes antique et démocratique, lors d'une oraison funèbre rapportée fin 431 avant J.-C. par Thucydide : « Nous sommes en effet les seuls à penser qu'un homme ne se mêlant pas de politique mérite de passer, non pour un citoyen paisible, mais pour un citoyen inutile.» D'ailleurs, les services secrets ne partagent-ils pas cette soif de vérité? La CIA avait inscrit au fronton de son premier siège, au milieu des années 1950, cet extrait de l'Évangile selon saint Jean : «*And ye shall know the truth and the truth shall make you free.*»

Le secret n'est pas l'ennemi des démocraties. Les sociétés ouvertes admettent, en effet, que ce monde parallèle obéisse à des règles occultes où se mêlent ruse, intrusion, manipulation, sabotage et homicide. Et l'ignorance officielle dans laquelle est tenue l'opinion sur ces guerres secrètes, parfois sanglantes, menées par les États à travers le monde n'est pas contestée sur le principe tant qu'elle ne menace pas les libertés sur le territoire national. De plus, il faut bien avouer que le recours au secret pour protéger la vie et l'identité d'agents en mission ou pour ne pas mettre en péril des opérations en cours n'est en rien une atteinte à la liberté d'informer.

D'ailleurs, les consciences les plus critiques de la raison d'État et de ses abus, souvent issues de courants politiques révolutionnaires des années 1970, ont longtemps pris pour acquis le fait que le renseignement était une «une part d'ombre justifiée des démocraties». L'idée consiste à dire qu'une société ouverte doit conserver une marge de manœuvre échappant au droit commun pour prendre en compte le désordre du monde et répondre à des attaques perpétrées contre notre modèle démocratique par des acteurs usant de moyens non conventionnels. En dépit d'une réelle volonté de compréhension des vicissitudes du monde de l'espionnage, la communauté du renseignement vit toujours mal la mise en lumière de ses activités.

Si le secret n'est pas, en soi, un danger pour les démocraties, son dévoilement non plus. Car il n'a pas seulement vocation à protéger des vies humaines, des opérations ou l'existence de moyens techniques confidentiels. Les enquêtes sur les affaires d'espionnage montrent que les frontières du secret sont en réalité mouvantes. Elles ont des limites tracées au gré de considérations qui ont aussi beaucoup à voir avec des choix tactiques, politiques et toujours discrétionnaires alors qu'il en va souvent de politique publique. Lorsque les autorités de Dubaï décident, en guise de rétorsion, de rendre public, vidéos à l'appui, tout le déroulé de l'assassinat, le 19 janvier 2010 par le Mossad, du Palestinien Mahmoud Al-Mabhouh, elles omettent sciemment de révéler que le commando israélien était piloté d'une base arrière à Paris. Les services secrets français tenaient à maintenir le secret sur cette dimension de l'affaire pour l'utiliser comme moyen de pression lors d'une rencontre avec leurs homologues israéliens quelques semaines plus tard.

De même, après la tentative d'assassinat en mars 2018, par empoisonnement, de Sergueï Skripal par ses anciens collègues, les agences de renseignement britannique, américaine ou néerlandaise ont publiquement dénoncé les agissements de la Russie et coupé l'essentiel des canaux de communication avec Moscou. En revanche, la France est restée silencieuse alors qu'elle voyait aussi passer sur son sol des agents du GRU et que Londres aurait aimé l'entendre sur le sujet. Explication : les services secrets français estiment qu'il est plus efficace et utile de continuer à dialoguer avec leurs homologues russes.

L'affaire du retournement, entre 2010 et 2011 en France, d'un cadre du programme d'armes chimiques syrien par le Mossad et les services français a mis en lumière un autre travers du secret. Cette opération très confidentielle a permis avant même le début de la guerre civile en Syrie, en 2011, de disposer d'une connaissance précise des intentions du régime de Bachar el-Assad sur le développement de son programme chimique et l'état de ses stocks. Pour autant, il a fallu attendre que soient perpétrés de nouveaux massacres par Damas contre sa population, en 2013, pour que les puissances occidentales dénoncent publiquement ce qu'elles savaient depuis trois ans.

Les éléments découverts ont certes conduit, en 2011, au gel des avoirs du Centre syrien d'étude et de recherche scientifique (CERS), pilier du programme chimique national, mais rien n'avait été dévoilé au grand jour. De nouvelles attaques chimiques au printemps et à l'été 2013 ont fini par contraindre la France et les États-Unis à préparer une opération militaire qui sera finalement stoppée fin août par le président américain Barack Obama. Faute de pouvoir la réaliser seul et pour démontrer que ces frappes étaient justifiées, son homologue français, François Hollande, rend publiques, le 2 septembre 2013, les preuves secrètes recueillies par ses services de renseignement sur le programme chimique syrien, dont celles obtenues dès 2010. Elles auraient pu être révélées au grand jour dès 2011 pour alerter l'opinion internationale.

Derrière l'espionnage se pose toujours en filigrane la question du secret, de sa justification, de son champ très extensif et la mise à distance du débat démocratique. Car si le secret s'impose, par nature, pour la protection des agents, des sources, des méthodes, des moyens techniques, des documents ou des lieux, il protège aussi du regard du citoyen, de l'élu et des juges, réservant son accès à ceux qui sont habilités à le recevoir. Pour prévenir toute intrusion, l'État a érigé autour du secret un mur juridique faisant courir un risque à celui qui s'en affranchirait.

Certains historiens du renseignement, comme Sébastien-Yves Laurent, professeur de la faculté de droit et de science politique de Bordeaux, parlent du secret comme d'un corollaire de l'action de l'État. Selon M. Laurent, plus l'État étend son emprise, plus le champ du secret grandit, c'est, dit-il, la formation d'un « État secret ». Néanmoins, cette analyse demeure descriptive et ne pense pas le secret de l'État en termes politiques, comme un objet de rapport de force. Est-il justifié ? Nous protège-t-il ? Est-il aussi vital qu'on le prétend ? N'est-ce pas un moyen, pour l'État, de maintenir la démocratie dans un état d'ignorance et d'irresponsabilité ?

D'autres chercheurs, tel Laurent Bonelli, maître de conférences en science politique à l'université Paris Nanterre, posent la question du secret sous l'angle de sa valeur pour la collectivité. Ainsi, dira M. Bonelli, « pourquoi une information secrète aurait-elle plus d'importance pour la collectivité qu'une information ouverte ? ». Son collègue Didier Bigo, professeur au King's College de Londres et à Sciences Po Paris, pose, lui, des questions sur un secret servant à masquer le fossé permanent existant entre l'état du droit protégeant les données personnelles et la réalité des formidables capacités technologiques d'intrusion dont disposent les services de renseignement.

Le secret est donc un besoin mais peut aussi être une facilité. Les services de renseignement justifient parfois cette classification non par rapport au document frappé de ce sceau, mais parce qu'ils s'y sont juste intéressés. De plus, le secret peut tout aussi bien servir à des fins de guerres bureaucratiques entre services. Jean-Claude Cousseran et Philippe Hayez, deux anciens hauts cadres du renseignement français reconvertis dans l'enseignement, rappellent utilement dans leur ouvrage didactique *Leçons sur le renseignement* (Odile Jacob, 2017) « la médiocrité qui peut entourer le secret ». Un sentiment partagé par l'écrivain Umberto Eco, le 2 décembre 2010, dans le journal *Libération* : « La règle selon laquelle les dossiers secrets ne doivent être composés que de nouvelles déjà connues est essentielle à la dynamique des services secrets. [...] L'informateur est paresseux, et paresseux est le chef des services secrets qui ne retient comme vrai que ce qu'il reconnaît.»

Enfin, reste une dimension méconnue du secret et pourtant centrale, sa nature politique. C'est un moyen de décider sans obstacle. Face à Périclès et sa société ouverte, les pouvoirs politique et administratif préfèrent souvent Platon et son gouvernement d'experts. Le philosophe grec tient la démocratie et la décision collective comme improductives, nocives et dangereuses pour la défense de l'intérêt général. La version moderne de ce point de vue serait, par exemple, de craindre qu'une loi et un débat sur des moyens de surveillance du renseignement ne soient perçus d'emblée comme liberticides et n'ouvrent une guerre juridique.

Pas plus mais pas moins que la démocratie, l'État et le monde des services secrets ne sont exempts de cynisme, de conservatisme, de paresse intellectuelle ou de guerres de pouvoir. Il existe un espace pour considérer que la mise à l'écart du Parlement et des citoyens, par un État miné par une culture invasive du secret, peut, en fin de compte, nous affaiblir face aux menaces. Accroché à son contrôle absolu du domaine régalien, l'État rejette ainsi toute autre parole ou expertise que la sienne, en promettant le risque zéro à une population que l'on berce d'illusions plutôt que de la responsabiliser.

Remerciements

La gratitude n'est pas un vain mot, surtout quand il est question d'enquêtes journalistiques sur un sujet où toute la matière première est couverte par le secret. Ceux qui le détiennent et acceptent de s'en défaire pour nourrir le débat public prennent, en effet, le risque d'encourir des poursuites judiciaires. En dépit de cette contrainte, certaines voix très informées ont bien voulu éclairer mon chemin dans le monde opaque de l'espionnage. Qu'elles en soient, ici, chaleureusement remerciées. Elles montrent, à leur manière, sans mettre en danger les opérations en cours ou les agents sur le terrain, que le secret couvre un champ parfois excessif et soustrait au débat démocratique des thématiques régaliennes relevant pourtant de politiques publiques.

Par ailleurs, la compilation, dans cet ouvrage, des enquêtes réalisées au fil des années pour *Le Monde* me rappelle ce que je dois à mon journal, sa solidité éditoriale, sa confiance et son indépendance. Merci à Luc Bronner, directeur de la rédaction, d'avoir dit oui à ce projet, et à Sophie Charnavel, dont le sens de l'édition croise celui de l'actualité, de l'avoir initié.

Table

CET OUVRAGE
A ÉTÉ ACHEVÉ D'IMPRIMER
SUR ROTO-PAGE
PAR L'IMPRIMERIE FLOCH
À MAYENNE EN SEPTEMBRE 2020

Dépôt légal : septembre 2020
N° d'impression : 96719
Imprimé en France